閱讀魔法屋 ①

洪瓊君的身體閱讀【理論篇】

洪瓊君◎著　　Paude、陳采婕、Paco ◎攝影

晨星出版

【目次】

〈自序〉漫漫三十年磨成劍　　　　　　　　　　　　005

Chapter 1　閱讀身體‧身體閱讀　　　　　　　　007

   • 　什麼是身體閱讀　　　　　　　　　　008

   • 　身體閱讀的源頭　　　　　　　　　　009

   • 　詩意的身體　　　　　　　　　　　　012

   • 　閱讀身體感　　　　　　　　　　　　015

   • 　身體是閱讀的核心　　　　　　　　　020

Chapter 2　如何進行身體閱讀　　　　　　　　023

   • 　一、邊講邊做　　　　　　　　　　　024

   • 　二、葉形發展圖　　　　　　　　　　026

   • 　身體閱讀教學的重點與建議　　　　　028

Chapter 3　身體閱讀個別能力的訓練　　　　　　　　　033

- 身體閱讀的感官開發　　　　　　　　　　034
- 身體閱讀的身體開發　　　　　　　　　　045
  - 肢體開發　　　　　　　　　　046
  - 創造性舞蹈的應用　　　　　　　　　　054
  - 創作性戲劇的應用　　　　　　　　　　056
- 身體閱讀的記憶力開發──動作記憶法　　　062
- 身體閱讀心理素質與療癒轉化能力的開發　　072
  - 鍛鍊專注力　　　　　　　　　　072
  - 一起做──兒童瑜珈　　　　　　　　　　074
  - 觀想的力量　　　　　　　　　　081
- 身體閱讀的合作能力開發　　　　　　　　086

【目次】

Chapter 4　將文字具象化・閱讀詩意的身體　095

・　用身體理解　098

・　用身體詮釋　105

・　用身體轉化　112

・　用身體演繹　119

・　用身體寫詩　135

Chapter 5　身體閱讀是無從設限的創作　145

・　無從設限的創作
　　以用身體閱讀動物詩延伸用身體寫詩為例　146

・　用身體寫詩的習式　151

・　可無限延展擴充的身體閱讀
　　以〈上山種樹〉教案為例　152

Chapter 6　身體閱讀的習式　165

〈附錄〉從頭說起──我的教與學　180

【自序】漫漫三十年磨成劍

　　漫漫三十年，終於磨出這一本集我閱讀教學之大成的教案遊戲書，如果你是閱讀帶領者，想要以遊戲的方式帶領跨越年齡／階級的學習者，進入閱讀之門，那這本書將是你可以好好收藏勤奮練功的葵花寶典。

　　這本書是我三十年教學經驗的精華，在第一部理論篇的第一篇交代我身體閱讀發展的源頭和理論基礎。第二篇的內容教大家如何進行身體閱讀，有我發展的「葉形發展」流程，也有清楚的步驟和教學上的提醒。第三篇針對身體閱讀個別能力的訓練——包括用身體閱讀大自然的感官開發、肢體開發，以及創造性舞蹈、創作性戲劇應用在身體閱讀的身體開發、身體閱讀的動作記憶法等等。

　　身體開展之後，進入理解文本、詮釋、演繹並轉化文字意象，進而導出文字與圖像創作的腦力開發的層次，最後提升到身體閱讀心理素質與療癒轉化能力的開發，以及身體閱讀的分組討論與合作能力的開發。

我把身體閱讀在每一種科目的實踐，分門別類歸納書寫，有理論基礎有課程操作的流程和經驗分享，讓讀者可以按照自己的課程需要翻閱參考。

　　在第四篇〈將文字具象化‧閱讀詩意的身體〉的部分，我刻意將我教學的流程，以教學筆記的方式呈現，就是希望讓讀者如觀看教學影片般跟著我的文字看到我教學過程的每個細節，你讀懂了就等於在紙上看到我一場又一場的教學示範。第五篇，一則以兒童詩為例，一則以國語課文為例，分享身體閱讀可以無限延伸、不斷變奏的教學概念。而在最後一篇，我特別整理了身體閱讀運用的習式及名詞釋義，方便讀者對照應用。

　　最後，在附錄中，〈從頭說起──我的教與學〉自傳式的爬梳，與讀者們分享我如何走入教育這條豐盛之路，沿途採摘自然、戲劇、紀錄片、兒童文學……一顆顆碩大飽滿的種子，栽種出「身體閱讀」這棵奇異茁壯的大樹。

Chapter 1

身體閱讀
閱讀身體

身體是比陳舊的靈魂更令人驚異的思想。

——尼采

什麼是身體閱讀

　　教學生涯三十年，我剛開始是將多元藝術與大自然觀察做結合，進而嘗試將多元藝術融入閱讀教學，其中運用最多的是結合繪本與創作性戲劇活動的教學模式，慢慢發展到也可以用文字為主的文本（例如散文、小說）閱讀結合戲劇活動，以及運用教育劇場的戲劇策略解構影像文本，等於是把身體作為閱讀工具。當身體的活動結束後，再延伸文字或繪畫或戲劇搬演還有自然觀察等等的創作課程。直至十多年前，我開始將這種以身體為閱讀工具，把文字或圖像轉化為身體動作的實踐，或用身體將顏色、意象、氛圍、情緒等抽象概念具象化，增益理解力、閱讀力、感知力、激發想像力、創造力，也在經驗轉化過程加深感受獲得療癒，最後回歸內在，閱讀自己的身體，與身體對話，觀照自我的生命這一套課程方法，命名為：「身體閱讀」。

　　「身體閱讀」，是一種有機的閱讀引導方式，具有創造力與生命力。對我個人而言，是三十年累積的經驗、知識、創造力與熱情的體現。雖然我也寫書也拍紀錄片也編導舞臺劇，但讓我成就感最高挫折感也最低的存在是教學者的角色，每一堂課對我來說都是再一次的創作，而這創作是我藝術能力不足的腦袋能夠充分駕馭的，教學不僅滿足了我創作的樂趣，學生的回饋與喜愛也成就了我生命的價值，這些都是我走了三十年依然能保有高度熱情繼續玩下去的動力。

身體閱讀的源頭

　　我的教與學的歷程有四條主軸，一是自然觀察經驗的教學與書寫；二是表演藝術的基底；三是作文老師的身分與兒童文學的養分，四為紀錄片的拍攝與影像研究。因此，我的身體閱讀課在不斷實驗持續深戲的過程自然而然發展成以兒童文學為文本，大量使用創作性戲劇與創造性舞蹈的概念及戲劇與教育劇場（TIE）的習式，還有自然觀察的體驗，並延伸圖文的創作。

　　當時張老師出版的柯內爾《與孩子分享自然》系列是我從事自然觀察教育重要的參考書，但由於國情、生態環境差異甚大，後來還是從大自然汲取靈感發展自己的教育模式並設計教案成書，一直到現在，走過三十年的歲月，大自然仍是我的第一母語，是最初也最重要的繆思沃土，我經常把教學場域延展至校園、甚至海邊、山林，進行五感體驗，用身體閱讀字裡行間的自然氣息。

　　1996 年我開始參與李震宇校長創立的沙卡實驗小學的教學，跟著李校長學習各種靈性教育與生命教育、學科教育的融合，我的靜坐冥想與兒童瑜珈的學習在此啟蒙，當時接觸到《宇宙之愛──新人道教育》的教育理念深

「身體閱讀」，是一種有機的閱讀引導方式，具有創造力與生命力。

受影響，特別是想像、創造、靜心冥想這一類右腦開發的教學實踐，二十年後，腦神經科學也透過很多實驗證實靜坐冥想、大自然的接觸、右腦開發的課程，對於安定情緒、抑制衝動、開發創造力、記憶力、想像力等方面的學習很有助益。

　　念研究所之後，人生大部分的空白被兒童文學給填滿，另一區塊便是戲劇的舞臺，由於創作的需慾和遊戲的渴望，很自然地將兒童文學與戲劇結合在一起，邊閱讀邊玩，逐漸玩出了「身體閱讀」，及至後來我的生命跌了大跤，我轉向靈性的心靈成長的課題學習與閱讀，而又將這部分包括戲劇治療、舞蹈治療、藝術治療及其他靈性療癒的理論與方法，轉化為小學生也能吸收的課程，運用在身體閱讀中。

　　這整個教學過程與方法，對我與學生來說，是一種有機的創作過程，也是結合兒童文學與戲劇教育為主的一種創作。並且能與其他科目，包括語文、自然、社會、音樂、繪畫等等做統整學習，而這些動作的節奏、文字性的引導、戲劇性的發展與詮釋，亦都在我創作的需慾和遊戲的本能中轉化為舞蹈為詩句，而我在教學過程中發展出來的「用身體演繹」、「用身體轉化」、「用身體寫詩」的方法，在戲劇教育大師賈克‧樂寇在 1997 年寫下的《詩意的身體》中竟然找到相似的概念，賈克‧樂寇以榮格學派的主張，名之為「人類的共通的詩意本質」，我們依據身體感知的特質來傳達內心的衝動以及創作的慾望。在「詩意的身體」提到的大部分訓練演員身體

的技巧與專有的定義，包括運用身體與節奏去模仿成為大自然的身體練習、認同與轉化的練習、動態默劇、角色內在的手勢動作、情感及情緒狀態構成的意象默劇、用動態默劇翻譯詩的文字的身體練習……我說不清楚的，憑直覺實驗的教學活動，都恰能與「詩意的身體」對話。

　　梳理身體閱讀的源頭，與大師的理論對話，彷若獨自盪舟翩入生命長河，沿途風景精彩瑰麗，然卻只有回音迴盪。

詩意的身體

　　在身體練習物質擁有不同的動力狀態，體會萬物的精髓之後，便進入：顏色、光線、文字、韻律、空間等等，戲劇教育家賈克・樂寇稱之為：「人類共通的詩意本質」[1]的練習。在身體閱讀課中，手勢動作的語言、具象默劇和圖像默劇、動態默劇（mimodynamique）、以及以身體閱讀大自然等等，都是重要的練習。

　　身體閱讀以大自然為模仿對象，用身體模仿大自然的元素與各種現象，在大自然中開發各種感官的練習，閱讀大自然的語言。戲劇教育家賈克・樂寇說：「大自然是我們的第一母語。」這也是我用生命體會到的真理，大自然是人類生命的源頭，用身體閱讀大自然，在大自然中閱讀自己，是最重要的。

　　動態默劇（mimodynamique）是一種將無形體的感官元素如顏色、文字、音樂……等等轉化為有形的肢體動作的方法。顏色、光線、文字、韻律、空間等等，這些不會動的事物的內在都存在一種動態，它能在我們內心引發一種運動，使「心」動起來，產生感「動」，透過「動態默劇」能將蘊藏在體內的韻律、空間及力量顯示出來。賈克・樂寇的論點：「翻譯一首詩最好的方式就是動態默劇。」在身體閱讀課中，用身體詮釋顏色、用身體演繹文字，進一步以身體演繹詩、轉化文字意象，都是很大量的練習以及課程最後

---

[1] 人類共通的詩意本質（fond poétique commun），此一詞為賈克・樂寇自創，靈感來自榮格學派的主張：他認為所有人類存在著一集體潛意識，一種對抽象面向的詩意想像，以致於我們對空間、光線、顏色、物質、聲音等等有著相同的情感聯想。（賈克・樂寇，2005，詩意的身體，頁67）

延伸創作的主要部分。

　　具象默劇（la figuration mimeé）、手勢動作的語言和圖像默劇，是暖身以及在身體綜合活動之後的呈現最常用的練習。

　　具象默劇（la figuration mimeé）是運用身體來表現物件、建築、家具擺設等等元素。

　　圖像默劇則是一種與電影極為類似的語言，它藉由身體動作來呈現圖像內部之動力狀態。它不再只著重於表現文字或物件，而是如何以集體的方式表達圖像，例如想像一個場景：一個角色拿著一根蠟燭走到地下室。演員們可以同時表現出火苗、煙霧、牆上的影子、樓梯的臺階等等。所有的圖像都可以藉由無聲狀態中演員的動作被暗示出來。

　　用身體變成無生命的各種物質或自然現象或者是建築或其他物件，或以動作手勢表演短劇或以身體轉化為各種物質內在的動力，或用身體詮釋顏色、用身體演繹文字，進一步以身體演繹詩、轉化文字

詩意的身體──身體練習物質擁有
不同的動力狀態

意象，都是身體閱讀很重要且大量的練習。對於沒有最後展演需求，不以訓練演員為目的的身體閱讀課來說，這些身體的練習則是為了進入私密的、個人的文字圖像延伸創作的途徑。賈克·樂寇認為藉由模仿的身體來重新認識現實，讓每一個人在繪畫、寫作、歌唱舞蹈……等等之前，先將環繞在他們四周的世界融入身體裡，當然，無庸置疑的，這些藝術形式需要的是更多的感受而非理解。這與我的教育理念不謀而合，我認為教育最重要的目的是讓人有感，而非知識的累積。

閱讀身體感

　　我的身體閱讀最初是從閱讀的目的出發，以身體為閱讀工具，閱讀文字或影像的文本，希望透過以創作性戲劇為主並融合其他藝術的身體活動增加學生學習的樂趣、提高學習意願，也增進對文本的理解和開發創造力等等，但在一次對老師的演講中，我分享我的身體閱讀如何操作並分享學生用身體寫詩的成果之後，一位老師提出疑問，他原以為我的身體閱讀不只是把身體當作閱讀工具，而是還會帶領學生去探索自己的身體，與自己的身體對話等等。這個問題如一記棒喝，迫使我認真回顧反思我的「身體閱讀」的所有歷程，在十多年前，我寫在《樂遊自然天地》（2003）一書六十幾個自然探索體驗的遊戲，其中就有很多以身體的經驗為中介探索大自然的活動，到後來大量以文字或影像文本甚或是以大自然為教室的閱讀活動，也有很多探索身體、與身體對話的活動，例如：以「手」為主題，在一連串與「手」相關的活動之後，其中的重頭戲是說演自己的「手」的故事，到最後好好觀看自己的手，畫下自己的手並與手對話；又例如透過情緒繪本及身體活動探索自己的情緒；透過文字或影像、身體的經驗發掘自我價值、與夢想對話；透過冥想、創造性舞蹈探索身體不同部位的狀態與壓力來源；還有更多更多身體的感知活動之後最後回

閱讀身體感——動作感知，透過身體的行動帶動思考，透過身體的經驗感知內在與外在的世界。

歸到自己，好好觀照自己的心、愛自己、建立自信等等的「身體閱讀」——感謝這位細膩的老師提出的疑問，讓我反身爬梳我的「身體閱讀」操作的歷程模式。而這個歷程模式恰好是 Jean Lave 提出的「行動認知」（Cognition in practice），主張思考無法脫離行動，思考是在體現與行動中進行的。更進一步，心理學家 Jamse Gibson 認為人的感知需要動作，感知是在眼耳鼻舌身不在大腦。

「身體閱讀」即是動作感知，透過身體的行動帶動思考，透過身體的經驗感知內在與外在的世界，感官的再現離不開語言的關連，還包括語法聲調的語言表達方式，身體姿態與其他感官知覺作用所組織傳達的多重訊息，感官結合論述呈現的是身體、物質、情感及智識等層面的整合。身體感可謂是感知行動及培養感知技能的標的，而感知是潛能，需要被開發，「身體閱讀」的教學核心即是開發個體對內在世界與外在世界的感知能力，因之，我觀察到不同社群不同年齡層的學生因與生俱來及不同文化環境的教導薰習而來的身體，在經歷「身體閱讀」之後身體感知的轉化，十分精彩。

以我設計的「用身體演繹動物詩」為例，我在課堂中與學生共讀以下的詩句：

火烈鳥

是一種

長長的

粉粉的

冰冰冰冰冰的

雞尾酒

　　在第一層的朗讀與視覺閱讀，最初啟動的是視覺的想像，但其他感官知覺是模糊甚至無感的，我們做了身體的動作，感官回喚（Sensory recall）、情緒回溯（Emotional recall）——用身體做出各種形狀及動物的形象與聲音，觸摸冰塊、品嚐雞尾酒、將顏色的抽象概念轉化成具體的情緒表達，再分組讓大家以身體演繹詩句，最後，延伸為故事情節與戲劇動作……

　　一段看似簡單的短詩，透過身體感知的開發、回溯，甚而透過無數的中介物去感知環境，同時也調整、創造新的身體感，從而產生多元的行動型態，進一步產生了多元的互動經驗。所以有大學生回饋如下：

雖然以前沒有用身體演繹過詩，但經過這次活動，讓我對這些詩句有了不同的體會，再也不是死板板的印在書上，而是藉由這些詩句再經由感官感知後演繹出來，所以每組的詮釋都不盡相同，讓我覺得非常新鮮也非常好玩。

均

透過肢體語言讓詩句更為活潑生動，也讓我們跟不認識的同學有了互動！

奕

透過身體去表達詩句有身歷其境的感覺，在想像與體會方面更加清楚，我想在背詩的時候用身體表達的方式可能會更快能記熟。

萍

身體總是包含可見可感的外顯特質，和內在的情感、理性、意志的精神交融。人類以情緒、情感及多重感官的身體經驗，感知其所處的世界，身體與感官的經驗經常會跨越界線，是個複雜的經驗歷程。而透過身體感知的練習，擴充孤獨閱讀的私密感受，甚或是強迫現代經常處於無感狀態的青少兒，在身體的動作激發中，啟動聯覺、建構認知、開發想像，同時也達到一般表演藝術課的學習體驗，包括感同身受的同理心、態度由被動轉為主動積極、創意發想、議題認知、合作學習、美感認知……甚至把教室延伸至大自然的情境中，觸摸樹幹、嗅聞葉子的氣味、品嘗野果的滋味、聆聽大自然的聲音，製作聲音地圖、用身體模擬一棵樹的姿態、分組組合一隻昆蟲或其他生物的型態、動作與聲音、諦聽樹的語言、風的故事……從事五感開發的練習，透過身體的行動做為個體與環境的「中介」，形成更為深化，由身體感之項目所組成的更為綿密的網絡，對於感官的開發引導，除了過程活潑、激發興趣，也能增進理解、記憶、想像與感受，身體閱讀的行動促成身體感知破壞創新累積開發的成果在與我相遇的不同族群不同年齡的身體已清楚展現。

身體是閱讀的核心

長期以來，閱讀被看作是知識的最具體的實踐，但羅蘭·巴特把閱讀變成了身體行為，他認為閱讀者應也是創作者，寫作用身體，身體是主體，閱讀者亦是創作者，閱讀也是一種創作行動，投射出自己的身體，閱讀亦即是用身體來享受與想像的歡愉的過程。

他在「擦身而過的身體」這則短文中，把身體視為觸發句子的媒介：「夜總會變成我構想句子的地方……一種具觸發句子功能的身體，在我語言的創造和餵養它的飄浮的慾望之間，是一種醒悟，而不是訊息。」此外，他還寫道：「在火車上，思緒紛呈：許多人圍繞在我身旁，他們的身體在我身旁如同一些靈巧的東西在動著。在飛機上，情況剛好相反：我坐著不動、蜷縮、看不見。我的身體死了。繼之而來，知性也是死的。」因此，身體在動，身體活躍著，知覺知性才是活的，亦即身體能帶動思考，引發創作。

在這裡，我們看到羅蘭·巴特把個人置放在閱讀的核心，讀者能憑藉自己的趣味對文本進行獨樹一幟的逆向解讀，凸顯了個人身體特有的稟賦——他的一系列解讀實踐，從獨特的身體結構出發，等於把對既定文本的解讀，完全變成了一場身體表演。羅蘭·巴特從閱讀的角度將身體提高到一個至關重要的地位，也為我的身體閱讀提供一個至高的詮釋，身體是閱讀的核心，也是閱讀的實踐。

身體是閱讀的核心

Chapter **2**

如何進行
身體閱讀

體現知識的方式並非如理性主義所宣稱的
「理性思考」而是必須透過「身體經驗」。

——布迪厄

以下是我最常使用的兩種身體閱讀的操作方式：

一、邊講邊做

　　教學目標與活動內容難易度，從小至大、個人至分組的練習與
呈現。

Tip1 暖身部分

多以劇場遊戲、戲劇習式裡的定格／定鏡／靜像[2]、肢體開發、兒童瑜珈、呼吸、靜坐冥想、引導式觀想等等活動來進行。

Tip2 進入身體閱讀的主軸

以創作性戲劇、創造性舞蹈、多元藝術的融合活動為主。

Tip3 最後階段的結尾儀式

以團體綜合練習的呈現或圖文創作、與身體的對話、心靈電影等等與身心靈連結的活動收尾。

---

2 定格／定鏡／靜像（**Still-Image / Still Picture / Frozen Moment**）這可以是個人、小組或全班一起作的活動，用「定格」肢體動作，把某個想法或事件的某一刻影像呈現出來，將意念及意義具體化，讓老師與學生一起探討定格之動作所呈現的表象及表象底層未顯將顯的潛意識，或者是某一特定時刻所發生的事情。

二、葉形發展圖

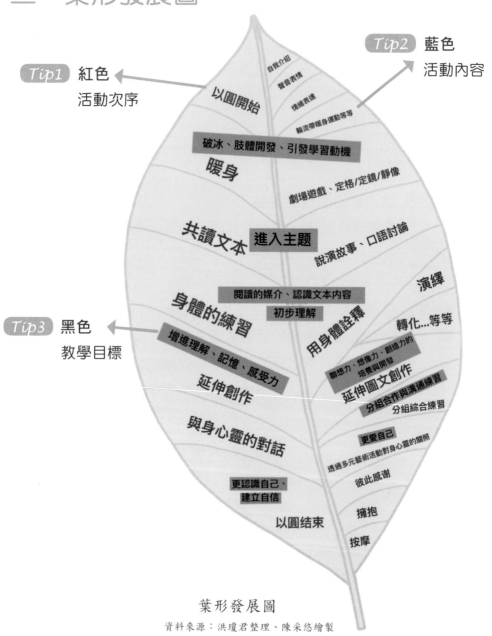

Tip1 紅色
活動次序

Tip2 藍色
活動內容

Tip3 黑色
教學目標

以圓開始

自我介紹
聲音表情
情緒表達
輪流帶暖身運動等等

破冰、肢體開發、引發學習動機

暖身

劇場遊戲、定格/定鏡/靜像

共讀文本　進入主題

說演故事、口語討論

演繹

閱讀的媒介、認識文本內容
初步理解

身體的練習　用身體詮釋

轉化...等等

聯想力、想像力、創造力的
培養與開發

增進理解、記憶、感受力

延伸圖文創作

延伸創作

分組合作與溝通練習
分組綜合練習

與身心靈的對話

更愛自己

透過多元藝術活動對身心靈的關照

彼此感謝

更認識自己、
建立自信

擁抱

以圓結束

按摩

葉形發展圖
資料來源：洪瓊君整理、陳采悠繪製

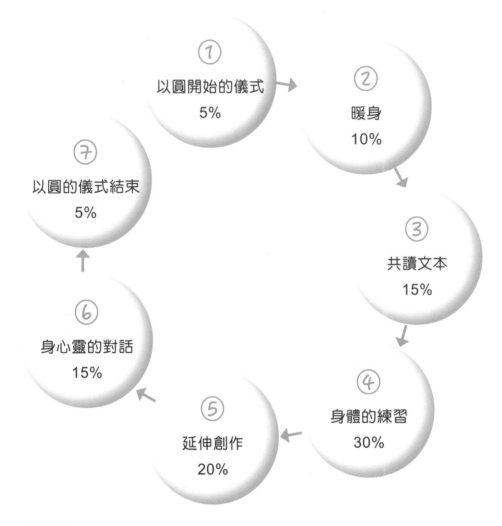

① 以圓開始的儀式 5%

② 暖身 10%

③ 共讀文本 15%

④ 身體的練習 30%

⑤ 延伸創作 20%

⑥ 身心靈的對話 15%

⑦ 以圓的儀式結束 5%

Tip5 **葉形發展的精神**

葉形發展最重要的精神是在過程中的觸發，這個點與另一點的觸發可能就如葉脈般向四方擴展延伸，不論是活動的發展抑或是對課程的想像還是教學者與學習者彼此的交互影響與激盪。

身體閱讀教學的重點與建議

黃武雄說：「如果說學校教育還有第三件事該做，那第三件事便是留白；留更多的時間與空間，讓學生去創造、去互動、去冥想、去幻想、去嘗試錯誤、去表達自己、去做各種創作……讓他們自由的運用時間與空間。」這也是身體閱讀的實踐理念，教育應該讓心靈有留白的空間去遊戲去創造。

而羅洛梅說：「鍛鍊身體，不是為了健美的肌肉，而是為了培養敏銳的感受力。我們要發展的是——伴著身體一起傾聽的能力。」這段話為我道出了身體閱讀的本質與核心價值。身體要實踐的閱讀也就是尼采所謂的「學習與身體一起思考」，如此可以提高身體的價值——使身體成為同理與關心他人的媒介；使身體成為表現自我的美麗內涵的途徑；使身體成為各種樂趣的感受體；使身體成為創造的豐富的源頭。

Tip1 操作模式

基本上遵循著選擇與主題相關的暖身、活動從破冰、建立主題意識到進入主題、延伸思考、想像、創造的網絡學習，最終回歸身心靈的連結與自我關照的軸線進行。

Tip2 活動原則

從個人到分組合作再回歸個人或最後以分組綜合練習做結尾，次序從易到難、從小至大、從簡單到複雜的練習。

身體閱讀是引導者，引領讀者的身體在演繹文字中，逐漸激發靈感與感知的過程。

Tip3 **課程進行時間**

至少兩節課八十分鐘，可以完整的操作練習，若還需延伸文字或圖像的創作，較理想的時間是三小時，可以完整地進行一個主題教學。但若只有四十分鐘或一小時也是可以彈性調整課程內容。

Tip4 **活動空間**

最好是有舖軟墊或木質地板教室，可以脫鞋上課，若是在一般洗石子有課桌椅的教室，就將桌椅靠牆或搬至教室外，讓教室空出完整的空間，並打掃乾淨，讓學生脫鞋上課，以利進行身體的活動。

`Tip5` **彈性調整課程**

因身體閱讀教學過程是有機的創造，在各個活動時間的掌控上、除了葉形發展圖的建議之外，最主要還是要仰賴教學者的經驗、直覺和敏銳度，敏銳地覺察學員的屬性、教學現場當下的狀況而做彈性調整，有些活動在進行中產生凝滯不前的狀態，教學者可能就必須介入提供想法、刺激討論，或者提前結束該活動，以另一活動取代；有時候因學生還不能進入狀況、太浮躁抑或太生疏，生疏的可能就要再多花一點時間或活動來進行暖身，讓彼此活絡熟悉一點；過於浮躁的也許轉換成靜心的活動，包括呼吸、靜坐、冥想、瑜珈等等，讓學生的氣沉下來，接下來的課程就能比較順利進行。

`Tip6` **秩序管理**

身體閱讀因有大量的身體活動，學生（特別是男同學）很容易趁亂去碰撞別人的身體形成秩序上的混亂，在進行活動前再三提醒活動規則，避免碰撞他人身體造成受傷是一方法；將造成混亂的同學帶離或交由協同老師、終止活動等等，都是可行的做法。

衝突協調與解決

　　身體閱讀也需要大量的分組合作，因此在尚未完全社會化的小學生分組合作上的衝突是比較常見的，用戲劇立體化呈現，透過他者（觀眾）的眼光和各組的相互刺激，看到別人成功的合作、完成表演得到掌聲，讓團體（表演者）的榮譽心提升，刺激彼此更加團結，進而激盪更多想法——這是我這些年來化解合作衝突最成功的方式。當然，多做一些劇場活動培養團體合作的能力與默契，建立互信互重的氣氛，也是重要且有幫助的。

每一次到偏鄉帶身體閱讀工作坊，學生從一開始的拘謹、僵化甚至躁動，到結束時總能看到孩子身體的、思想的爆發性的改變，教育是需要牽著孩子的手，慢慢等待。

Tip8 等待

教學本是百年樹人，無法立竿見影立即看到成效的事業，更何況是身體閱讀這類需要藉由身體的開展互動為學習媒介的課程，對於小學高年級以上到大學這個階段的孩子，更需要時間讓彼此磨合，放下防衛心理並與人和環境熟悉，逐漸培養默契建立身體閱讀課的文化。我常常提醒自己，身體閱讀課不需要趕進度，沒有要在這堂課必得完成任何作業，教學者可以等，等待人與環境從「外在關係」相參相融進入更深一層的內在的交互的「情境」成熟，多觀察多感受，便能等到學生的改變。

Chapter 3

身體閱讀
個別能力的訓練

身體是思惟的體現。是現象學中「活生生
的身體」(lived-body)。

——梅洛龐帝

身體閱讀的感官開發

在網路無遠弗屆的 5G 世代，活在這個世代的人已不缺知識，但缺乏的是打開內在世界與外在世界連結的各種感覺，現代人多只剩滑手機的冰冷觸感，而忽略甚至喪失多重感官開啟真實體驗的機會。身體閱讀可以讓人重拾感覺重啟感官。

我除了運用劇場遊戲作為感官開發的練習之外，更常在戶外用大自然的體驗遊戲來開發各種感官，這些遊戲都收錄在我其他自然遊戲教案書中，這幾年，我持續在太平洋岸帶領一種「法鹿族」的走讀課程，「法鹿族」是阿美族語「faloco'」，「心」的譯音。我希望能形成一種族群，以心為弓，以目光為箭，對自然環境，對人文生態溫暖、深度的一種走讀族群。這些年來參加的成員有愈來愈多學齡前的小孩，要如何讓一群極度依賴父母甚至是電子產品，眼中只有立即滿足自己需求的小小孩，與我安靜地在不舒適且酷熱的自然環境中進行觀察，簡直比馴獸還難（因為我不能鞭打他們，哈！）累積了很多挫折的經驗，我找到一種成功率極高的方法——先說個故事，身體練習之後，也就是身體閱讀，再出發。

每一次靜獵隊伍出發之前，我先朗讀一篇《大自然嬉遊記》（2017）裡的〈靜獵〉（頁 103-106）或〈發現〉（頁 28-31），還有我創作的《我在海邊靜獵》繪本（2018），分享印地安男孩學習靜獵以及我如何帶學生進行靜獵的故事，來引導孩子發現大自然

中細微的、隱藏的生命。

透過說演、身體閱讀，把故事具體化，跟孩子一起演出來、玩出來。接著，再用身體來練習「靜獵」，想像自己是一棵樹，安靜的移動[3]；想像自己是一顆靜默的石頭，紋風不動──聽見了什麼？看見了什麼？。

用故事，用劇場遊戲，挑起小小孩的參與興趣和榮譽感，戲劇學者 Sommer 說：「我們藉由扮演進入虛構的世界，在虛與實之間不僅有創造性的張力，也會在感覺到切身相關的時候完全投入。」而我在當下也更能感受到其所言：「戲劇教師的魅力就在找到恰當的素材，才能催化參與者產生創造這種虛構與真實之間關係的『境』」。小小孩願意完全投入，並且興致勃勃挑戰自己，離開父母的懷抱，和我一起在酷曬的烈日之下，放輕腳步行走；蹲在毫無遮蔽的曠野海灘，進行靜獵，是因為我成功地透過故事、透過身體閱讀創造出這種虛構與真實之間關係的「境」。

我在 2017 年的法鹿族走讀課程結束後寫了以下的文字：

一開始，先讀我的《大自然嬉遊記》中的〈發現〉，但這次的小孩都在六歲以下，所以都是聽我念，聽我說「發

---

3 布農族稱榕樹為「會走路的樹」，我以此概念讓孩子理解樹也會移動。

現」的故事與奧祕。然後，接下來的行程，就不斷聽到小孩說，老師，我發現了蟬殼、我發現了蜥蝪，我發現了貓、我發現寄居蟹……

第二天，我們用身體閱讀了《大自然嬉遊記》中的〈靜獵〉，還有《勇敢小火車》，下午，連兩歲的小孩都勇敢地自己走完一個小時的鐵道路程。

第三天，小孩們都安靜地跟我一起用專注的心為弓，敏銳的目光為箭，學北美印地安小男孩靜獵潮間帶的生物。

在最後要分享、送禮物的巴格浪儀式中，有小孩鬧說要趕快拿禮物，我說：「記得早上我們用『靜獵』去海邊，就是要耐心等待，才能發現那麼多招潮蟹，美好的事物才會發生。」孩子馬上就安靜下來。

其中一個四歲小女孩，靜獵中一直牽著我的手，她記得了「靜獵」，發現招潮蟹、發現彈塗魚、發現貝類、發現蝦虎……下午，她「發現」我在簽書，她問：

「老師，這都是你寫的書哦？」

「是啊！」

「你為什麼會寫那麼多書？」

我回問：「你覺得是為什麼呢？」

「是耐心。」小女孩想了一下說。

「沒錯啊！還要加上我們早上去靜獵——你為什麼能在大太陽底下，連喊熱都不敢發出聲音，在海邊待很久很久看招潮蟹？那是除了耐心還要加上興趣。

（小女孩點點頭。）

這樣就能寫這麼多的書。」我說。

我的法鹿族旅行，在海邊共讀繪本之後，練習打開感官在海邊靜獵，孩子的身體感官都變得更加機警、靈敏。

就這樣，我們看見了故事的力量不斷在發酵，在法鹿族的走讀中——讓閱讀成為心靈回歸大自然的一條路。

有了更多成功的經驗，催化我寫了〈玩一場靜獵遊戲〉，收錄在《跟孩子玩自然》給學齡前小孩的自然遊戲書裡（2017，頁92-99），而「靜獵」也自然而然讓我在進入大自然時跟土地一樣呼吸，心跳和身體隨自然的節奏起伏，讓周遭的一切忘記我的存在，因而靜獵出一本《我在海邊靜獵》的繪本（2018年）。法蘭可在《意義的呼喚》裡主張，「我們總能以三種途徑去發現生命的意義：藉著創造性的工作，藉著與人相會與相愛，以及藉著面對無法改變的命運。」在此，我要提出第四條途徑——「藉著與大自然的相遇」，藉著這四種途徑，我發現了生命的意義，也召喚出創作的動力與繆思。

下面介紹我最喜歡用來引導孩子開啟感官知覺的文本與活動。

■ 共讀文本

《我在海邊靜獵》

洪瓊君，2018。臺中市：晨星。

《草地靜獵：尋找一棵樹》

洪瓊君，2022。臺中市：晨星。

■ 活動場地

最好能在戶外進行，材料比較豐富，
若只能在室內也可以操作。

■ 材料

A4 紙一人一張、筆。

■ 作法

1　先在室內共讀文本之後，介紹靜獵的概念，練習用身體成為一顆石頭、一棵樹木，靜默、靜止、行走，再至戶外進行靜獵。末了，以口頭或文字加圖像分享靜獵成果，或者用身體表演出靜獵到的生命讓大家猜。

室內靜獵練習

2 直接在草地就著風和樹語共讀文本，介紹靜獵的概念，再透過呼吸靜坐之後，用身體練習成為石、化身樹。再進行靜獵。同樣，末了，以口頭或文字加圖像分享靜獵成果，或者用身體表演出靜獵到的生命讓大家猜。

共讀文本

3 如果課程時間有二～三小時，亦可先在室內作肢體開發的活動，例如在空間找顏色（頁48）、身體做石頭和樹的擬態，再到戶外練習聽聲音、畫聲音地圖，最後以視覺進行靜獵。

聲音靜獵

■ 打開感官靜獵的方式

Tip1 先靜坐一會兒，閉上眼睛長長的深呼吸幾次，再聽聽周遭有什麼聲音，聽到一種聲音就舉起一根手指頭，可進行 30 秒到一分鐘。

聽聲訓練

Tip2 用嗅覺靜獵：聞一聞空氣中有什麼氣味。

Tip3 用觸覺靜獵：躺到地上，讓身體感受土地的質感、空間的溫度等等。

觸覺靜獵

Tip4 用聽覺靜獵：可以趴到地上聽聽大地的聲音。可以在一張 A4 紙的中間畫一個記號代表自己的位置，再將聽到的四面八方的各種聲音畫寫在紙上，變成了一張聲音地圖。

感受大地的氣息和聲音

Tip5 用視覺靜獵：各自在活動空間找一處角落靜默觀看幾分鐘，以目光靜獵。亦可形成靜獵隊伍，安靜地走一段路，看看能靜獵到什麼。

用目光靜獵

靜獵隊伍

■ 共讀文本

《重要書》

瑪格麗特・懷茲・布朗 著，楊茂秀 譯。2004。
新北市：經典傳訊文化。

■ 材料

各種小物件、玩具或自然物皆可、白紙、筆

■ 活動步驟

1 共讀繪本裡的圖與文字。

2 請學生把雙手置於背後，老師將一個小物件放至學生手上，讓
學生閉眼觸摸該物件各個部分，再將觸覺所感知到的形狀、質
感畫下來，等於是以圖像做直觀描述。

用身體感受觸摸到的物件的形狀、質感……

3 以現象學的方式寫下其所觸摸到的物件的形狀、質感、功能……的直觀描述。（例如：觸感滑滑的、一端圓形連接一條橢圓形、有螺旋紋路……）。

4 讓學生口頭分享自己畫寫的內容。

5 將寫在白紙上的文字加以剪裁、調整或選擇新主題仿作《重要書》裡面的散文詩的型式。[4]

● 學 生 作 品 ●

電風扇造型的削鉛筆機
重要的是
它可以削鉛筆
削出了夏日的淡淡哀愁
吹涼冬天熱騰騰的薑母鴨
聞起來有冰冷的鐵鏽味 -----

4 楊茂秀在《重要書》的導讀中提到所謂現象學的描述方法起源於德國的胡賽爾，他以作者直接的感知作為描述對象，一點一滴地把意識內容描述出來。

身體閱讀的身體開發

「身體開發」在以戲劇習式、創作性戲劇、劇場遊戲為基底的身體閱讀是最基礎的練習活動與目標。演員的肢體是塑造人物形象最重要的元素，演員必須充分靈活調控身體的動作，不拘泥於形式且富可塑性的適應扮演不同年齡、職業、性格的人物以及同一人物在不同的時期性格上演變的需要。

而演員鍛鍊肢體的活動，目的當然不是為了在舞臺上進行肢體的展示，更不只是為了亮相、出風頭，或者來一、二個舞蹈的姿勢，而是為了要使演員符合角色個性。所以肢體的靈活與控制自如，成了其基本目的。

但身體閱讀的對象並非專業演員，那麼一般人開發身體有何好處呢？胡寶林認為：參加戲劇活動的孩子，可學會很多抽象的動作表現，在平常的生活裡無形中增加了一些動作的表現語言，在舉止言談之間可以繪形繪聲，多采多姿。

蔣勳在《身體美學》中提出他對不同文化底蘊形塑出的身體的觀察，簡言之：埃及人是嚴謹的美；希臘人是運動的美；印度人是柔軟的美；鄒族人有山的沉穩之美；阿美族則有寬闊的、海洋的美。但很多住在都會裡的人，很多漢族的移民，他們的身體失去很多學習的榜樣。都會裡長大的孩子，因為他們的身體沒有學習的榜樣會

變得比較拘謹。「拘謹」也是我在身體閱讀課中對現代的孩子（從學齡後到大學生，不只是漢族甚至是漢化頗深的原住民的身體）最大的身體印象。

譬如說話的時候，身體是緊縮的，眼神不願或不敢與人相對，表情生硬，嘴巴和肢體像收起來的傘，握手的時候手也伸不出來……這種種反應出一個人緊張、焦慮、恐慌，以及自信與熱情的缺乏，所以蔣勳認為：「身體美學呈現出心理美學的外在狀況，身體美學其實傳達的是心靈的狀態。」

所以身體閱讀的肢體開發，開發的不只是肢體感官，還包括眼神、表情、甚至情緒，身體開展了就會有自信、有創意、有快樂。身體開展了，也就開放了心靈。當身體收放自如，就會自在。感官敏銳了同時還連帶地想像力與創造力也都會提升。

1. 肢體開發

肢體開發活動經常安排在暖身活動中或者是一天的工作坊或一整學期課程的開始。我最常使用《1000 個一定要知道的事物》（安娜．科費奇思，2015）及《跟著波波一起學》（Lucy Cousins，2011）這類認知型態的繪本作為肢體開發活動的引導，這類繪本主要是把一些概念，例如顏色、數字、形狀、動物、天氣……等等知識介紹給幼兒讀者，但用身體來玩這些概念，就超越了認知學習的

目標而變成遊戲，而且沒有年紀限制。在遊戲時參與者是高度專注的，是快樂的，不僅能促進腦中多巴胺的分泌，也是擺脫現實桎梏與利益的羈絆，將想像力、創造力自由地發揮，甚至促成社會群體的形成[5]。

　　以下則以《1000個一定要知道的事物》這本繪本為例，簡要逐步說明身體閱讀由簡至繁，由淺入深，由外而內的肢體開發活動的操作。

---

5 Huizinga 分析遊戲有以下特點：（1）遊戲是一種自由自主與自願的活動。（2）遊戲的活動是有意地在「日常」（ordinary）生活之外，成為一種「非嚴肅的」（not-serious）的活動。（3）從事遊戲的人通常是高度專注的。（4）遊戲是一種與物質興趣無關的活動，在從事遊戲時，是不會有任何利潤可言的（在現今手遊充斥的時代，此一特點已過時不適用）。（5）遊戲是在其固有的時空界限內進行著，它有著固定的規則並依有秩序的方式來玩。（6）透過遊戲會促成社會群體的形成。（成窮 譯，2013，Johan Huizinga，遊戲人——對文化中遊戲因素的研究，頁101）。

共讀文本

《1000 個一定要知道的事物》

安娜.科費奇思著，麥維 譯。2015。
臺北市：維京。

■ 活動操作

1 找顏色

繪本第七頁展示出 13 種顏色圈圈，引導學生看到其中一種顏色之後，指定學生將身體的某一部位黏在這個空間內的該種顏色的構造或物體上，指令可以是：「把你左邊的肩膀黏在這個空間裡的白色。」不管是何種年齡層，在辨識顏色時都會充滿興味，並且在完成指令過程中，整體氣氛瞬間熱騰，即使沒有懲罰的規定，也無形中變成不帶輸贏的挑戰，只是單純的依需要而反應。而當指令是將腳掌或肩膀甚至是頭頂黏在空間的某一種顏色上面時，創意也因而開展，有的人會拿一些令人意想不到的東西黏在指定的身體部位上，這過程也會感受到 Nachanobitch 所說的，只要進入「玩在一起」持續這種情形幾秒鐘，我們就會發現開始發展出一種彼此默許的結構，形成了一種玩在一起的美，而且總是即興且集體發展出令人發笑的怪異姿勢組合。

光是最簡單的找顏色的遊戲，就包含了感官開發與肢體開發，
並且促進了專注、快樂、腦中多巴胺的分泌、創造力的展現以
及促成社會群體的形成。

找顏色

2 用身體作數字、字母、形狀

繪本第八頁之後出現的是認識數字、字母、形狀等，引導學生用身體作數字、字母及各種形狀，指令可以是：「用你的身體做出數字 4」、「用你的身體做出一個英文字母」或，可以從單人用身體做出造型到集體合作練習，指令可以是：「請各組集合你們的身體共同做出二位數」或「請一起做出一種形狀，三角形、橢圓形、星形⋯⋯」或「請同組的人一起合作做出一個英文字母」⋯⋯運用身體作造型變化並且透過肢體動作排列組合呈現，這是結合了肢體開發（創作性戲劇）與創造性舞蹈的活動。

用身體做出一種形狀

3 用身體組合出蔬菜、動物、特定空間裡的物品、用具及交通工具

繪本裡還介紹了各種蔬菜、動物、特定空間裡的物品、用具及交通工具等等，你的指令可以先從個人練習，依從先定格→再發出聲音→動起來的順序。指令可以是：「請用你的身體做一種動物」或「請用你的身體做出一種生活用品」。

再來分組合作組合成新的物品或用具或交通工具或一種食物或動物等等，也是依從先定格→再發出聲音→動起來的順序。指令可以是：「請你們用身體集合成一種交通工具」。

這是用肢體呈現物體形體，藉由模仿發揮自我肢體運用開發之潛能，並透過觀察模仿把所見之物，將肢體動作表現出來，同時發揮身體的創造力，學習合作，加強身體運用的方法，結合肢體開發、感官（聲音）開發及創造性舞蹈的訓練（身體造型、時間要素、空間要素）。

做動物造型

4 季節與職業

繪本裡也介紹了大自然有什麼？什麼是四季？你未來想做什麼職業？

大自然與四季的遊戲指令從用身體造型定格做出一種自然物→用身體的節奏與聲音表現出一種自然現象或景觀（彩虹、下雨、打雷、刮颱風⋯⋯）→合作創造出一種季節的場景（這個季節的場景裡會有什麼自然生命、自然現象、還有什麼動物或人會在那裏做什麼？還要表現出動作、情緒甚至可以有情節有對話）。

關於想像未來的職業的活動指令，從定格的身體造型表現某種職業具有特色的動作到加入聲音、走位和連續動作。

定格做出對未來職業的想像——歌星、生物觀察家、模特兒。

整體而言，這是結合了肢體開發、感官（觸感、聲音、感受）開發、創造性舞蹈（身體造型）、情緒練習、抽象動作[6]、無實物動作[7]、對話、走位、故事編創等創作性戲劇，從初階到進階能力的訓練；也是由簡至繁，由淺入深，由外而內的肢體開發活動的操作。

以上肢體開發的活動你可以在室內或戶外，運用《1000個一定要知道的事物》來身體閱讀，亦可將上述任一活動運用在相關的繪本甚至是以文字為主的閱讀來活化教學。

6 抽象動作默劇（pantomi）是西方獨特發展成為獨立藝術的一種戲劇方式，默劇所表現的完全是一種身體語言，用身體各部關節和肌肉的節奏抽象的組合成一個故事。抽象動作在英國首先被有系統推廣應用到兒童戲劇教育上。孩子不用道具，僅靠著兩手及身體就可千變萬化，抽象地，富想像地表現出來，既方便又具創作性。（胡寶林，1994，戲劇與行為表現力，181頁）。

7 無實物動作練習（Imaginary Objects）最早出現在《演員的自我修養》第八章，「真實感與信念」中「數鈔票」練習，表演者必須仔細地體察日常生活中的每一個動作在執行時的軀體動作的位置，並要在舞臺上回憶起這些動作。我將之運用在身體閱讀的練習，只是最基本的要求讓學生沒有實物在身上或空間裡，憑藉記憶中的感覺將該動作做出來。除了是動作模擬、再製的練習，也省去製作或尋找道具或布景的工作。

2. 創造性舞蹈的應用

　　創造性舞蹈翻譯自英文的 Creative Dance，舉凡經由學習者以身體回應周遭的環境刺激，包括音樂、聲音、節奏之聽覺刺激，動植物仿擬，圖像視覺刺激，物品的操作等等，因而被激發能夠自由自在地舞動，都可屬於創造性舞蹈（張中煖，2007）。創造性舞蹈是自我探索的學習過程，沒有固定形式，重視個人的獨特性，激發個人內在隱藏的資源，培育和別人一起工作的能力及敏感度，並發掘更廣泛、更多元的新美感。學習過程中，帶領老師只是扮演一個引導者的角色（李宗芹，2002）。

　　在課堂中，有時，我會從練習舞蹈基本要素——身體、空間、時間、力量、動作開始，再以「一分鐘舞者」綜合以上所有要素，加上以道具，例如呼拉圈、傳球等操作道具發展出動作，包括移位及非移位動作的練習，最後以音樂為文本，「將日常生活的經驗與感觸重新再生」分組創作表現；或者以鈴鼓帶動，從頭到腳的探索與解放，所有的人，特別是小孩，會進入如酒神祕祭的狂歡儀式，身心靈與聲音徹底的解放，結束後酣暢淋漓，孩子一定會要求再來一次。

　　把創造性舞蹈的概念融入文本共讀之後的練習，例如：以動作強化感官的感受力；以動作模擬動物的形態及移動方式；合作扮演不同機器與操作；以動作仿作交通工具的模樣與運行方式；以身體

作出對稱與不對稱的造型，以動作反應速度的快慢、重拍、長短音
符及連音或斷音；以肢體動作表現四季、氣候變化及各種自然現象
與生命；以肢體扮演不同的職業角色；導出文字閱讀後的自我的動
作意義與邏輯的創造；透過動作表達對色彩的感受……讓身體更有
節奏感韻律感也更有協調與創意。

創造性舞蹈應用在身體閱讀中，讓身體更有節奏感韻律感也更有協調與創意。

3. 創作性戲劇的應用

「創作性戲劇」（Creative drama）是一種即興，非正式展演，且以過程為主的一種戲劇形式。在其中，參與者在領導者的引導下，去想像、實作並反映出人們的經驗。儘管創作性戲劇在傳統上一直被認為與兒童及少年有關，其程序卻適合所有的年齡層（張曉華，2007）。

身體閱讀最常使用的是在《創作性戲劇教學原理與實作：藝術與人文學習領域統整教學的方式》一書中所提到的創作性戲劇的活動項目（張曉華，2007）：

1. 想像（Imagination）：係以物體、聲音、身體動作與頭腦思考結合起來的創造性活動，用以激發學習者的經驗與想像。

2. 肢體動作（Movement）：是以個人或團體的表現，配合音律、舞蹈等美感的肢體活動，明確而有意義表現出適宜的動作與舉止。

3. 身心放鬆（Relaxation）：以調節性增強或減弱的動作暖身、消除緊繃情緒，使身心趨於平衡，以強化知覺。

4. 戲劇性遊戲（Game）：以角色扮演、依情況、目的，共同完成遊戲的項目，以建立互信與自我控制能力。

5. 默劇（Pantomime）：藉身體的姿態表情傳達出思想、情緒與故事，來強化肢體表達能力，擴大觀察、理解與思維的空間。

6. 角色扮演（Role Playing）：在一個主題下，依照某種情況或故事，由小組討論或教師選派賦予不同角色扮演。而我更經常讓所有人同時扮演故事裡的同一角色，來經歷故事裡的情境，擴展其對故事裡的人事物的認知與感受。

7. 即興表演（Improvisation）：在以繪本引導學生進行身體閱讀時，我經常隨機中斷故事提出指令，讓學生或分組或個人依簡單的情況、目標、主旨、人物、線索等基本資料，即興地表現或發展出動作、對話或情節，以培養機智反應、創造力、組織能力及合作能力。

還有美國戲劇教育學家先鋒，溫妮弗烈德·瓦德（Winifred Ward）提出的，將戲劇性活動在課堂教學內容實踐的四大項目的其中兩項（張曉華，2007）：

1. 戲劇性的扮演：係將兒童置於想像的戲劇環境中，表現出熟悉的經驗並藉以衍生出新的戲劇，以「嘗試性的生活」去了解他人與社會的關係。

2. 故事戲劇化：由教師引導學生，根據既有的文學、歷史或其他來源的故事，以創作出一個即興的戲劇。

　　「故事戲劇化」等於是「身體閱讀」的基模、習式。也或許是我擁有兒童文學與戲劇教育的專長，可以在唸讀故事、引導觀看圖像、說演故事及將所有身體的活動、故事戲劇化的即興或組織……之間自由且隨興的連結游刃有餘，而其實這看似隨興自由的導引過程，亦是有潛在的秩序與邏輯，而學會了身體閱讀，相信你也可以把「故事戲劇化」運用得游刃有餘。

　　肢體開發、感官開發、創造性舞蹈及創作性戲劇，都可以是獨立的課程；也經常相互鏈結、相融，作為發展寫詩、編創戲劇的導出活動。

　　身體閱讀課使用的引導文本，以兒童文學為主，且繪本占最大宗，繪本的主角多是動物的擬人化，讓孩子產生距離和想像，所以動物的模擬是經常使用的暖身活動，同時也會配合文本做靜物或機器的模擬等等。我一再地灌輸孩子幾個觀念：

Tip1 在這個空間，你認為你是你就是，你可以成為任何東西。

Tip2 盡量創作不一樣的身體造型，不要跟自己以及跟別人重複，因為你是獨特的，每一次的創作都是新的。

Tip3 任何答案、任何想法、任何創作都可以成立（只要不攻擊別人、不做猥褻、挑釁的動作），這個空間沒有標準答案，也沒有對錯。

創作性戲劇是身體閱讀運用最多的藝術遊戲。

以上是身體閱讀這種開放式的創造性學習過程，必須建立的重要信念。

　　有一回，在開學第一次五、六年級的身體閱讀課（這個年段班級已上過一學期的身體閱讀課），我很自然地帶身體造型暖身，大多數的人很自由且自在自信地瞬間做出指令的要求，只有兩個轉學生呆立在原地，一個不知所措；一個在思考要如何表現。同學們提醒我她們這學期才剛轉來，沒上過我的課。而有了這兩個轉學生的對照，更讓我意識到，已上過一學期身體閱讀課的學生，對身體的展現是自信自在且自由快樂的，而我再一次傳達我的信念，兩個轉學生的身體和想像很快就解放了，下一週（第二次）的課程，馬上就驗收到他們和其他舊生可以在極短時間內自信自在且自由快樂的做出反應和創作。

　　從文本導出的肢體開發、延伸創造性舞蹈並融入創作性戲劇，或延展出閱讀大自然的觸角，「身體開發」都是身體閱讀的第一課，而這些身體開發的活動皆能與其他科目，包括語文、自然、社會、音樂、繪畫、建築等等做統整學習，並且這些動作的節奏、文字性的引導、戲劇性的發展與詮釋，亦都能轉化為舞蹈為詩句，並且讓身體的開放、自信與自由影響心靈層面，這也是一趟由簡至繁，由淺入深，由外而內的引導與探索的旅程。

身體開發是身體閱讀的第一課。

身體閱讀的記憶力開發——動作記憶法

記得十多年前，我帶著未滿三歲的二女兒到幼稚園說故事，說了什麼故事已忘了，但我做了一個弓曲身體踮起腳尖走路的模樣，跟臺下那些張大嘴巴的孩子們說：「這個叫『躡手躡腳』。」一個月後，小女兒突然在我面前模仿我弓曲身體踮起腳尖走路的模樣，說：「媽媽，這個是『躡手躡腳』。」在那期間，我從未再說過那個故事。我把這段經歷寫在筆記簿裡，同時，這也讓我意識到透過動作，特別是誇張有趣的動作是可以幫助記憶的。

我的身體閱讀課，大多不是體制內的課，不需要考試也不需打成績，因此需要記憶的機率不多，但每一次孩子們用身體做出動作後總是印象特別深刻，而他們記得的故事也都是扮演過的角色。

例如：《跟著動物一起做瑜珈》這本書（Lorena V.Pajialunga，2015），一個跨頁圖畫就介紹一種動物瑜珈式（也就是體位法）。做過書裡面的瑜珈動作之後，再請孩子複習剛剛做過哪些動物哪些動作，大多數的孩子都能記住，甚至很多孩子已過了一個學期還會主動邊做動作邊跟我說：「老師，你看我還記得，這個是獅子，這個是駱駝……」

而透過角色扮演加上誇張的動作，更能記住不那麼熟悉的語詞，以《豆粥婆婆》（趙浩相，2005）為例，故事裡的老婆婆在紅豆田裡遇見老虎，老虎打算把老婆婆吃掉，但老婆婆央求老虎等她這一

季的紅豆收成之後，囇碗紅豆粥再來吃掉她，老虎也想吃紅豆粥就答應老婆婆的請求。而當紅豆收成之後，老婆婆一邊煮紅豆粥一邊哭，雞蛋就滴溜溜地滾了過來，問老婆婆為什麼哭？老婆婆答說：「因為吃完這碗紅豆粥，老虎就要來吃掉我。」雞蛋說：「如果你給我一碗紅豆粥，我就幫助你不被老虎吃掉。」老婆婆舀了一碗紅豆粥給雞蛋吃，雞蛋吃完就滾進灶口藏在灶內的灰燼裡。之後出現的每一個角色，與老婆婆的對話都是重複的，只是每一個角色行動的方式與形容詞皆不同，例如糊糊的大便滑溜溜地溜過來；木揹架一搖一擺走過來；烏龜慢吞吞地爬過來；錐子蹦蹦跳跳跑過來；石磨骨碌骨碌地滾過來、草蓆呼呼地飄過來……說故事時，我不斷地以「老師入戲」[8] 和「學生入戲」在故事裡進進出出，先請一個自願的孩子表演角色的動作，例如：雞蛋滴溜溜地滾過來。表演之後，我再針對孩子的表演做回饋並解釋該動作的形容詞、副詞、動詞疊用等等，再讓所有的孩子扮演雞蛋滴溜溜地滾動。最後整個故事說完，由孩

---

8 老師（或導師、引導者）扮演一個由戲劇情境提供的適當角色，在戲劇中掌握戲劇的可能性和學習機會。老師入戲可以引發興趣、控制戲劇動作的方向、邀請參與、注入張力、挑戰膚淺想法、提供選擇和可能性、發展故事、為學員製造入戲交流的機會。老師的演出並非於一時興之所至，而是通過戲劇性的參與，務求達到教學目的。（**Jonothan Neelands&Tony Goode**，2005，建構戲劇—戲劇教學策略 **70** 式，頁 **95**）。

子自選角色共演故事。而每一回演完故事，大多數的孩子都能記得每一個角色和其對應的詞，等到期末分享時，每一個孩子記住的故事內容都是他曾扮演過的角色及其所做的動作與行動的細節，譬如一個二年級的孩子說，他演過紅豆，他、還有小珍、玉琪、小魚（化名）一起演紅豆，跳到鍋子裡面，滾來滾去讓老婆婆煮，老婆婆還把他舀起來給烏龜吃——我要特別說說這個孩子，他是自閉症兒，剛開始很明顯感受到他，人在教室裡，但魂不在此，但我生動的說演故事，一次次把他拉回現實，我從來不在課程中特別關注他，漸漸的，他的眼神回來了，而每次我問問題，他也會舉手回答，也踴躍地參與活動，當然，也還是有很多時候，他的魂是漂掉的。若要說說在我課堂中那許多被貼上標籤的孩子，如何改變的故事，那得另闢一章來說了——回到動作記憶，巴特萊特（F.C.Bartlett）說：「在人類記憶水準上十分重要的積極場景，主要是『有趣』的場景。」（Frederic C. Bartlett，2003）

　　而我自己也經常跟學生一起經歷奇妙的記憶過程，在身體閱讀的過程。

　　例如我以我創作的繪本《相握的手》帶領樂齡長者進行身體閱讀，將長者分配角色，配合我的朗讀即興演出，隔周再上課，又複演前一周的段落，長者們已經不需要我的旁白，主要的角色已經會背誦了。莊淇銘說：「圖像加上體覺，比如扛著鋼筋將沉重的感覺加入記憶，挑著大桶汽油除了沉重的感覺外再加上油味的嗅覺記憶，

這些都可以強化記憶功能。」

這也就是我強調的，透過身體實際演練比純粹的想像來得更有用的動作記憶法。而《愛因斯坦的夢》的身體閱讀體驗也讓我體悟到身體的動作加上位置的記憶，強化記憶的效果更加倍。Higbee 提出位置記憶法，也就是透過位置來幫助記憶學習材料。其中，讓位置和所配對的物品產生強烈的聯結是位置記憶成功的關鍵。

傳統的共讀方式在輪流朗讀的過程中，不論是小學生抑或是大學生，要他們一直專注在自己或他人的朗讀聲中似乎都不太容易，輪流朗讀之後，稍一檢驗都能測出很少有人能夠說出完整的文章內容或其中段落。一般人確實很難在讀過一遍之後便能記住文章的內容，但我若請學生一人或多人一組（視人數而定），個別演繹不同的段落，表演的形式不拘，透過表演者的說演（特別是動作），將文字立體化，不僅是表演者本身記住了故事，觀眾也對文字描述有了清晰的畫面，且馬上就能記住表演者說演的段落，七田真指出左腦的記憶猶如一塊磁碟片，容量一旦滿了新的資料便無法輸入，必須清除部分空間才能存進新資料，右腦則依賴圖像學習，沒有記憶上的限制，所以可以說是長期記憶的基礎，因此透過別人的動作呈現，也是圖像記憶的一種方式。

關於記憶的歷程，學者的說法，涵蓋三種不同類型：（張春興，1994）

1. 感覺記憶（sensory memory）

感覺記憶是指個體透過視覺、聽覺、味覺、嗅覺、觸覺等感官來感受外在刺激所引發的短暫記憶。

2. 短期記憶（short -term memory）

感覺記憶中能引起注意進而保持 20 秒以下也就進入所謂的短期記憶，短期記憶要進入長期記憶可以透過兩種方式，第一種是傳統的複誦，第二種是精緻化的記憶策略。

3. 長期記憶（long-term memory）

長期記憶是指記憶中能夠長期保存的訊息，其中包括兩種不需特別留意卻歷久不忘的記憶，一是閃光燈記憶（flashbulb memory）和萊斯托夫效應（Restorff effect）。閃光燈記憶是指震撼人心的新聞事件令人難以忘懷，萊斯托夫效應是指特殊的人物或事件，容易讓人記憶深刻。

透過豐富的想像力將抽象的文字幻化為圖像，再用連結力加以環扣，組織學習內容加以重組，輔以多重感官刺激，可以使回憶更加逼真，學習更加快速。動作記憶即屬於精緻化的記憶策略，不只可以把字詞化為動作等於圖像增進記憶，更可以把整段文字或故事

化為有動作有感覺的畫面來加速記憶。證據顯示，幻想遊戲會加深孩子的記憶力，在課堂上老師若能經常運用動作、位置等方式自己說演或讓學生表演，不僅能增加學生學習的興趣，更能促進學習與記憶。

用身體把文字立體化之後，學生如此回饋：

● 學 生 心 得 ●

了解如何用肢體語言來表達，加強我們對故事的記憶，永遠無法忘記，感謝老師！希望還有機會與老師學習。

娟

今天第一次上洪老師的課，很開心＋收獲滿滿，從不知道繪本也可以這樣玩，真是開啟了另一種好玩又有趣的說故事方式。相信這樣玩過之後，很難會忘記那個故事。真是太有趣了。

鈴

共讀文本

《愛因斯坦的夢》

艾倫・萊特曼 著,童元方譯。2007。
臺北市。天下。

■ 文本

有一個地方的時間是靜止不動的。雨點凝於大氣中,不
落下來;鐘擺晃蕩在半路上,不擺過去。狗兒伸著頭張
著嘴,卻沒有吠出聲來。行人在塵土飛揚的街上定住了,
腿只抬了一半,好像有繩子把他們拉住。棗子、芒果、
胡荽、茴香的氣味懸在空中,不會散去。」(頁59)

■ 活動步驟

1 共讀文本。可跟學生討論文本裡的時間是何種狀態,身處這樣
的時間是什麼感覺等等。

文本討論之後,把學生分組練習故事裡時間的狀態。

2 將學生分組,在教室中排列成弧形,一組表演雨點,一組當鐘擺,一組演狗,一組扮演行人,一組演繹氣味。並找一或兩人扮演旅人的角色。剛開始,讓各組成員各自練習用身體演繹不同情緒不同節奏不同質感的指定腳色,包含抽象的雨點和氣味。正式開始時,每個人在自己的狀態中動作並發出聲音,雨點落下來,鐘擺來回擺盪,狗兒叫,行人來來往往,各種氣味飄散在空中。

逐漸石化的世界,行人的腳停在半空中,靜止不動。

3 學生繼續動作與聲音，老師開始朗讀句子——「有一個地方的時間是靜止不動的。雨點凝於大氣中，不落下來（雨點凝住）；鐘擺晃蕩在半路上，不擺過去（鐘擺定住）。狗兒伸著頭張著嘴，卻沒有吠出聲來（狗兒成雕像）。行人在塵土飛揚的街上定住了，腿只抬了一半，好像有繩子把他們拉住（行人靜止）。桌子、芒果、胡荽、茴香的氣味懸在空中，不會散去。（所有氣味的動作都停止）」。

各種氣味的抽象的演繹

在整個世界都靜止下來的時刻，原先安排好的旅人自由地穿梭漫行於這個空間，感受世界的靜止與寂靜。最後，全體放鬆。

旅人穿梭於整個靜止的世界

　　這時就會聽見此起彼落的哀嘆聲，撐住不能動的身體好痠好累。但不論是大、小學生或成人，都能透過每一組的位置與表演者的動作，背誦出整段文字。

身體閱讀心理素質與療癒轉化能力的開發

鍛鍊專注力

　　瑜珈是一個梵文，意思是「結合」，所有瑜珈形式的目的都是為了釋放個人和物質世界的連結，以致個人能夠回到原始的、忘我的狀態。有關大腦的研究也指出邊緣腦主掌獎賞與懲罰，並能產生強烈活潑的情緒，利他行為的開始是由邊緣系統負責。邊緣系統發生故障會導致無端的暴怒、恐懼、擔憂和多愁善感，而在邊緣腦所產生的情緒與內分泌系統有密切關係，其中特別有關係的是腦下垂體。可以透過瑜珈體位法的鍛鍊來影響內分泌系統，讓掌管情感的邊緣腦置於控制之下。

　　2012 年暑假我在臺北帶領一群孩子進行身體閱讀工作坊，孩子們的情緒十分躁動靜不下來，我帶大家做了兒童瑜珈，也就是體位法以及大休息，接下來的課程就很順利了，連一旁協同教學的老師也回饋明顯地感覺到孩子們的氣沉下來了。我回想過去帶領兒童瑜珈的經驗，過程孩子都很投入，之後，好像也比較能安靜下來，但我沒特別覺察。2012 年的經驗，感受特別強烈，之後，我常常會把兒童瑜珈放在整學期課程的第一堂課或是一整天的工作坊的第一個活動。[9]

兒童瑜珈體位法

9 《宇宙之愛——新人道教育》中還提到：幾千年來，瑜珈科學家了
解到身體內分泌的平衡分泌對負面情緒控制及身心成長的重要性，
因此研究出一系列稱為「體位法」的姿勢，體位法中深層呼吸伴隨
著緩慢柔和的動作與完全禁止交替變換著，這是肌肉和神經產生深
沉的鬆弛，同時對不同的內分泌腺體施加精細而專一的壓力。
體位法不僅維持身體健康（柔軟關節，按摩內部器官，刺激循環），
同是也能淨化身體，幫助心靈進入更高的意識狀態，這些不具競爭
性的瑜珈動作能維持身體自然的柔韌性，增進身心平衡，又是宣洩
孩童無窮能量的好方法。（**Avtik.Ananda Mitra A'c**，1991，宇宙
之愛——新人道教育，頁 **11~12**）

一起做──兒童瑜珈

　　《YOGA STORIES 瑜珈入門》一書中提到傳統上瑜珈是從十至十二歲開始傳授。因此年紀處於青春發育期，身體已夠成熟承受正式的瑜珈練習。但近年研究指出，現代兒童多已提早進入青春期，大約在八歲。不但如此，現今資訊以爆炸式的速度進入兒童的生活，兒童已發展出跳躍思考式的心智，專注時間縮短且無焦點。因此愈來愈多教育中心運用瑜珈的模式或靜心操來教導兒童集中心智。兒童瑜珈的動作主要是體位法，而體位法均是模仿動植物的動作而來，可利用音樂、故事來輔助教導兒童瑜珈，讓兒童在遊戲中學習瑜珈動作，同時訓練平衡、伸展、增加身體耐力、放鬆、專注和穩定情緒。

　　《YOGA STORIES 瑜珈入門》書中共收錄 10 個故事，每個故事都以簡單的情節帶出好幾個體位法，可先帶大家練習故事中的體位法，再聽故事一起做瑜珈動作，一次可玩一個至兩個故事。而其中第九個故事〈媽媽與我〉最適合親子一起玩，從起床、洗窗戶、開門關門到騎腳踏車去菜市場買菜，這裡可以再加入請大家用身體做出各種蔬菜水果或其他食物的造型，再回到故事中的體位法，最後躺下安靜休息。

　　每一次帶親子瑜珈，氣氛就會變得熱絡，小孩也會十分享受爸爸媽媽和他一起玩瑜珈的過程。

《YOGA STORIES 瑜珈入門》

這本書已絕版，但在二手書電商還是可以買到，也希望能看到
這本好書捲土重來。

■ 教學目標

瑜珈課程適合在一整天的課程開始幫助學生打開脈輪，集中注意力。
也適合在親子活動中進行，增進親子親密關係。

■ 材料準備

繪本、故事 CD、音樂播放器

■ 身體閱讀步驟

暖身

1 老師說：老師跟現場的人說：「我現在要去公園散步，只要我
說到在公園裡看到什麼，大家就要變成那個什麼東西。」請大
家在空間散開來，保持打開手臂轉 360 度都不會撞到別人的安
全距離。然後開始下指令：「我在公園散步，看到一棵樹（大
家要用身體做出樹的造型）；樹上停了一隻鳥（大家要用身體
做出鳥的動作）；天空有雲，我又看到一隻貓在公園裡走路……
大家依著指令變換不同造型與動作。」指令可隨意編創，約 5-6
次的變形即可達到暖身效果。

老師說──變換各種造型的遊戲（演一棵樹）。

2 體位法練習：帶大家練習第一個〈不快樂的農夫〉或其他任一故事裡的體位法。

動物瑜珈

3 做做看：放 CD，請大家豎起耳朵專心聽故事，聽到 cue 點（說到體位法）時就要做出該體位法的動作。

親子瑜伽

1 老師找一位體型相當的夥伴一起示範第九個故事〈媽媽與我〉裡面的瑜珈動作。

2 做做看：放 CD，請大家豎起耳朵專心聽故事，聽到 cue 點（說到體位法）時就要做出該體位法的動作。

3 從起床、洗窗戶、開門關門到騎腳踏車去菜市場買菜，記得去市場之後請大家用身體做出各種蔬菜水果或其他食物的造型，再回到故事中的瑜珈動作，最後躺下安靜休息。

起床

Tip 在進行體位法時須注意到與別人的距離及地板的彈性，最好能準備瑜珈墊或是舖有軟墊的空間進行。

開門

關門

洗窗戶

騎腳踏車

推車買菜

大休息

 請大家分享過程中感受到什麼？

觀想的力量

　　1996 年，溫暖的冬日午後，因緣際會去到臺南玉井的體制外小學，學校坐落於一幢幢造型簡單的小木屋中。冬陽底的鳳凰樹下，聽見坐在樹上的男孩在微風中念著他為苦楝樹寫的詩。返家後，便寫了一封自我推荐信寄給那從小木屋疾步走出的帶著深厚度數眼鏡，頭髮和衣著不修邊幅，說話卻至為誠懇的李校長：「我們本來是不收女老師的，而且老師人數也夠了……但是我無法拒絕當面來找我的人……」同為 B 型的李校長在電話裡客氣地對我說（B 型的人就是太好說話，很難對人說不，是嗎？我也是 B 型。）於是，我加入了這所體制外的實驗小學的兼任教職，實驗我想嘗試的各種課程，但也還是以自然寫作課程為主。

　　這所體制外學校於 1993 年創立，李校長從一個孩子的教學開始，至我參與時，學校學生已有十多個。與其說我在沙卡實驗教學，毋寧說我是最認真的學習者，吸取李校長的教學理念，學習學校的生命教育如何浸潤擴充孩子的性靈，包括讓孩子當園丁、作農夫、也製作有機肥料，埋葬死去的動物，從藝術活動、大自然的場域學習並實踐生命的課題與知識。每天早餐之前，學校老師會帶學生進行靜坐和體位法課程。我也跟著學習了靜坐和簡單的瑜珈。有一天，李校長拿了一本《宇宙之愛──新人道教育》（Avtik.Ananda Mitra A'c，1991）給我，沙卡學校的教育理念來自於此，他說。然後，我的記憶好像在這裡斷裂了。後來為了寫論文，事隔20年重讀此書，

才發現我受此書的影響有多深，特別是想像、創造、靜心這一方面右腦開發的教學實踐，而我也早在 2001 年已將書裡面提到的「引導式想像」的方法，實踐變化之後寫進我的《樂遊自然天地》一書中（2001）。《宇宙之愛——新人道教育》中提到「引導式想像」能開啟想像之門，釋放其更高層次的創造力量。很多研究證明這種觀想力量不僅能發展想像力，同時增長解決能力及運動能力等許多其他的技能。澳大利亞一項著名實驗證明心中觀想一項運動技巧其價值相等於實際的鍛鍊。有一組籃球隊員每天練習自由投籃；而另一組隊員卻於同一時段在心中想像練習投籃，經過 20 天，只以觀想練球的那一組球員和每天在球場上揮汗練球的球員有同樣的進步。

　　我深信「引導式想像」為人帶來平靜與專注以及開發想像的力量，所以不僅在帶領兒童自然寫作課程運用，也在成人的心靈成長課程或說故事課程中進行，以下是 2007 年，花蓮某所在海邊的學校請我去做為期一年的寫作指導觀摩課程中協同教師寫下我在海邊引導孩子進行引導式想像的教學記錄（你也可以參考下列引導詞引導學生觀想）：

　　教師：請你們把手邊的東西放下，坐好，雙手放在膝蓋上，兩腳放在地上，不要靠到其他東西，我們現在來練習一個引導式觀想的方法，等一下你要觀察你的呼吸，然後安靜的聽聲音。

教師：請你雙手放在膝蓋上，背脊挺直，身體放鬆，請
閉上你的眼睛，慢慢的呼吸，深沉而緩慢的呼吸，眼睛
輕輕的閉上，現在想像你是一片輕盈的羽毛，輕輕的往
上飄，往上飄，有一陣風吹過來，把你往上吹，你接觸
到冰涼的雲朵，這片羽毛飄、飄、飄到樹梢，停在一片
青綠的葉子上，你聽到沙沙沙的聲音，有蟬的叫聲，有
鳥在枝頭歌唱，你聽見一朵花張開的聲音，非常細微，
一陣風把你吹起，飄啊！飄啊！飄過了草地，飄過了海面，
最後落在石頭上，感覺到陽光的溫暖，陽光照在你的身
上，你聽著浪潮拍打著岸石，你感到非常的平靜、安詳，
平靜又安詳。（停頓 30 秒）

教師詢問：你看到或聽到什麼？

學生發表：海豚、小鳥的聲音、雲、海浪聲、葉子的聲
音……

學生很明顯安靜下來，也比較專注。

　　戴維森在他的《情緒大腦的秘密檔案——情意神經科學泰斗從
探索情緒形態到實踐正念冥想改變生命的旅程》中提到哈佛大學帕
斯柯—里昂團隊（Alvaro Pascual-Leone）做的虛擬的鋼琴實驗。
他們教一群受試者用右手彈一首五根手指可以彈出的簡單曲子，叫

他們反覆練習一個禮拜，然後請他們躺在核磁共振造影儀（MRI）中動右手，結果發現重覆的練習擴大了他們運動皮質區，與這五根指頭相關的區域。但是帕斯柯一里昂讓另一組受試者想像他們在彈這個曲子而不實際接觸琴鍵，所有的實驗過程都跟第一組一樣，只是沒有真正彈而已，結果這一組受試者大腦運動皮質區控制右手五根手指頭的區域也變大了。思想，他特別強調，只有思想就可以擴張運動皮質區做這個動作的區域。

戴維森的研究也證明我們的大腦有一種特質叫神經可塑性（neuroplasticity），意思是說它可以改變結構，活化型態，不只在童年期，也持續到成年期，其實大腦是終其一生都在改變著，改變可以來自經驗也可以來自思想這個內在的心智活動。也就是說，透過心智訓練，可以改變大腦活化的型態和大腦結構，使情緒改變，進而改善生活品質。

冥想、引導式想像，能穩定情緒、心性更柔軟、增加專注，幫助想法的釐清、創意的開展，甚至能感受到平靜和喜悅。

戴維森這本書原著於 2012 年出版，戴維森透過認知神經科學研究證實冥想靜坐時大腦會分泌一種抑制性的神經傳導物質 GABA，它可以改善孩子衝動的行為，增加他們抑制的能力。這與 1991 年李震宇翻譯的《宇宙之愛——新人道教育》書裡強調的靜坐、引導式想像的概念不謀而合，證實了該書的新人道教育理念的先進與科學，並非浪漫；同時也證實了我的觀察，在課程中進行冥想、引導式想像，的確能讓孩子的衝動緩和下來、穩定情緒、心性更柔軟、增加專注、幫助想法的釐清、創意的開展，甚至能感受到平靜和喜悅。

身體閱讀的合作能力開發

　　身體閱讀課常常需要大量的分組討論、演練，不論是暖身活動的分組創意展現或是針對問題討論出解決方法抑或是以個人的知識、背景、經驗與感覺作為基礎，透過溝通、協調、反覆排練，從無到有的發展出一段（即使只是幾秒鐘）可以演出的戲劇創作等等，都需要組員合作協力。但是對於尚未完全社會化的小學生而言，要提出自己的創意抑或是接納別人的想法甚至有建設性的反駁他人的意見並且完滿地將共識化為行動等等，都是件困難的事。教學二十多年，面對小學生的分組也總是狀況百出，有馬上選好對象直接抱住對方不放的，有搞不清楚狀況的，有毫不掩飾對分到同組的人發出不滿的「喔！」，甚至不給情面當場拒絕的都有。

　　所以每遇到要分組，總是得變換不同方式，例如，要分幾組就讓現場的人以報數報到分組的數目為一輪，最後將同數字的人分同組；或是以座號分、以血型、星座分；或是混齡的就以年級拆散分組；或以暖身遊戲來分組；甚至有時各讓一步，讓學生自選組員等等。

　　分組之後開始討論、拋出點子，問題更是層出不窮，有全程狀況外或只會發呆或事不關己一直玩鬧的；有提不出任何想法卻也不願意配合的；有喜歡當老大要所有人都聽他的，甚至還有意見不合直接吵起來的各種狀況都有。

管理秩序和處理人的關係，一直是我教學上最大的罩門，去除掉課桌椅的隔閡，孩子的身體很容易失控，尤其是男生，總會趁機碰撞別人地玩鬧（不只是小學生、中學生、甚至大學男生都還會有這種現象），所有的戲劇教育研究都會有「秩序管理」這點反思。活動前耳提面命、三令五申、或中斷活動、或將搗亂的人拉至旁邊休息、或靜坐呼吸甚至我突然完全安靜下來，等待學生發現我的安靜而停止脫序的狀態等等，都是我嘗試過的方法，這些年下來雖累積了不少成功經驗，當然也有失靈的時候，處理分組合作過程的衝突也是，但每一次都是珍貴的經驗與學習。以下我想分享幾個讓我獲益很深的例子。

溝通、協調、與他人合作，都是受教育者在學校教育需要被訓練的能力。

合作能創造更大效益

　　我發現有些平時容易和別人起衝突，上課時喜歡做一些特別動作或邊緣化自己來引起關注，且表達與思考能力較佳的男生，很喜歡分組活動，特別是低年級的男生。分組之後他通常會成為提供創意及領導的人，教大家怎麼執行他的想法，但也常遇到挫折，不是遇到不配合的要不就是狀況外教不會的，這讓他很氣餒但他又渴望朋友，渴望與大家共同完成一件事的成就。有一次在低年級的課程中又起這種衝突，我介入僵局提醒不配合的孩子：「可以提出自己

的意見，若暫時想不出，那就配合別人的想法，現在大家都坐在同一條船上，要同心協力才能到達岸邊，不然就會翻船喔！而○○○也不是要指揮大家，要大家一定得聽他的，他也是為了完成這個創作，讓大家可以好好表演。如果最後其他組都成功演出了，就你們這組失敗，那不是會很難過嗎？」這時組員的注意力都更集中，爭執的氣氛也軟化下來，我再補充一句：「如果你有想到什麼點子，都可以提出來。（我轉向氣餒的領導者）你也要注意你的口氣，如果別人有意見也要聽別人說，你提供了很好的點子，繼續發展下去。」

後來，這個成為我處理類似領導者與缺乏配合意願或狀況外拖累進度的衝突範本，也大多能將衝突化解。而前述這種聰明卻缺乏社交能力的小孩，在分組合作的練習中，也都有明顯的內在的成長（感受到有朋友、別人比較願意跟他玩的快樂）與外在的改變（比較懂得如何跟別人溝通、協調），相較之下，沒有意見又不願意配合者的進步就比較有限，參與的意願與狀況一定都會有所長進，但意見的表達與思考能力的培養，還需要其他課程的配合與家庭環境的養成。

如果內部衝突較劇烈，即使我（教師）介入亦無法調停呢？幾年前，我在一所多元族群混和的小學受到頗大的衝擊。因為隨機分組，已經有些情緒在暗地裡反彈。

突然，一再無法取得共識一再跟我抱怨意見不合的那組，終於爆發了。才小四的女生怒嗆所有學長姐，我去協調並給予意見，小四女生與人吵架的聲音幾乎掩蓋我的聲音。我給了意見，也協調換角，結果其中一人不願意配合新的想法。我離開，要他們自己再整合看看。

　　那次是一整天的戲劇工作坊，只有中、高年級參與，校方希望工作坊結束前能對低年級的孩子做一次簡單的演出，所以有了上述的分組排練。在正式演出前我讓孩子先做一次預演，其他組別都在我給予的想法基礎上再添枝葉，而我的想法也是從他們第一次呈現的基礎發展的，這是一個層層加分的創作過程。

　　預演之後，最後一組如我預期的差，小四女生從頭到尾臭著臉站在臺上連動也不動，而其他人的演出臺下觀眾沒人看得懂。我想，透過其它組順利呈現的刺激及觀眾的反應，讓他們自己也頗感挫折。

　　預演之後進行簡短的評論，最後，我問其他組別，讓他們順利討論達成共識，且那麼短的時間能順利呈現的原因是什麼？有人說：「團隊合作。」有人說：「聽別人的意見。」我說：「沒錯，表達意見與聆聽都很重要，然後試著接納且嘗試不同的想法才能順利演出。」在我進行評論與討論時，無法整合的那組，從他們懊惱的表情看到，他們確實受到頗大的衝擊。

　　接著，在正式演出前，我預留十分鐘，請每組針對我的意見再

做修改排練。正式演出時，最後一組情節更完整了，演員情緒也更多了，小四女生也非常配合地演出原來她接受又拒絕的角色。

這一次經驗讓我深刻體認到，戲劇呈現的魔力，透過他者（觀眾）的眼光和刺激（其它組別），讓團體（表演者）的榮譽心提升，進而主動修正，改變才會真正發生，而非表面的馴服。

這次轉變的歷程更成為我的教學典範，而且成功複製屢試不爽。

記得有次在一所我陌生的小學帶身體閱讀工作坊，我以自己創作的繪本引導，暖身的氣氛非常活絡，孩子沒上過這樣的課程，之後進行分組，有一組已經有人在擺臭臉了，果然不到一分鐘的分組討論，這組兩位高年級生就撕破臉了，究其原因，主要是過去鮮有機會嘗試分組創作的學習，而這兩位高年級生更是第一次合作，都不知要如何表達如何傾聽。在我的教學經驗裡，每每遇到組員有歧異不合的問題，很弔詭的，從來沒有人想要換組，而往往都是分組呈現之後，看到別人成功的合作、完成表演得到掌聲，才受到激勵，刺激彼此更加團結，激盪更多想法。我也從經驗中學習，不在紛爭中多費唇舌，小學生的理性不足，不容易在氣頭上讓步，整個場面會更混亂，就等大家上臺呈現之後，透過其他組別成果的刺激，合作失敗的組別定能被激起榮譽心而圖求改善。當然這組也確實馬上修正討論的態度，也嘗受到成功演出的喜悅而迫不及待接下來的活動，即使休息時間也拿著繪本來問我：「老師，我們等等要演的是

第九頁嗎？那我們先排練。」

　　當然，在分組排練之前，多做一些劇場活動培養團體合作的能力與默契，建立互信互重的氣氛，也是重要且有幫助的。

　　分組合作既然對小學階段的孩童如此困難，耗時又耗神，為何還要拿石頭砸自己的腳呢？

　　要進入成人的社會，成為社會的一份子，溝通、協調甚至與他人合作，都是受教育者在學校教育需要被訓練的能力，雷勒指出：有證據顯示，團隊創造力已變得愈來愈必要了。因為我們面對的世界充滿難題，所有容易採摘的，長在低枝的果實都被採光了，最重大的挑戰都是超過個人的想像力可以完成的，只有藉由彼此合作，才有可能解決問題。麻省理工學院艾倫（Tom Allen）教授的研究顯示，高績效員工（想出最有用的新點子的人），就是那些最常與人交流的員工。然而，頗令人失望的是，現行的主流教育制度仍鼓勵個人競賽，靠一己之力採摘採不到的果實。在趕進度的課堂中，沒時間讓學生彼此討論、分組創作；在拚成績的壓力下，沒有鼓勵激盪想法、團隊合作的機會。只有少數課程能提供團隊合作的學習。學生不知道如何接受他人的觀點、沒有人人皆應參與討論創作的概念或動機，在態度上不懂尊重他人，對他人的意見也無法保持信任，非但很難產生創意，也提不出有建設性的想法，甚至沒有能力針對別人的意見加以建設性、邏輯性的反駁，導致教師必須處理分組及分組之後的討論、合作創作的衝突，主要是學校教育提供學生合作

學習的機會太少，也非常缺乏人際關係培養的課程與活動。

　　這也是我期待戲劇教育普及或我的以身體實踐的身體閱讀遍地開花的主因。每個孩子都希望有展現的舞臺，渴望被看見，但是在以智力主導強調彼此競爭的教育制度下，讓孩子的學習窄化。只能有一種展現——就是考試的分數。NOCCA 的執行長韋德柏格（Kyle Wedberg）完全說中了我的心聲：「創造力是 21 世紀的關鍵技巧，但我們太過執著於死背硬記，創作的重要性比不上考試填對答案。我無法想像，還有比這個錯得更離譜的訊息了。」令人難過的是，臺灣教改從 1990 年代到現在，我們還是「錯得離譜」。

　　NOCCA 這所專門培養創造力的公立高中——紐澳良創意藝術中心（New Orleans Center for the Creative Arts NOCCA），位在密西西比河岸，學生來自四面八方，早上在一般學校上課，下午則到這裡跟隨藝術家做中學，研究藝術。這間學校幾乎沒有課桌椅，學生不會坐在椅子上聽老師講課，而是把時間花在創作上。在校園裡你一定會看到這樣的景象，吹低音號的樂手、窩在那裡寫詩的孩子，還有一群在戶外排練舞蹈的舞者，校園裡到處都是充滿想像力的活動，中庭洋溢著爵士樂的回聲，走廊上都是斑斑點點的油畫顏料，雕塑室裡充斥著濕黏土的味道，寫作室外的垃圾桶堆滿了揉成一團團的廢紙……每一個孩子都在努力學習如何表達自己。在我的身體閱讀課中，我最愛的場景便是分組後，教室裡洋溢著想像力的空氣，大家用力丟出自己的點子，用身體嘗試彼此的想法，反覆練

習走位、臺詞與動作，笑聲、驚叫聲、討論聲像沸水般喧嘩著，不分年紀，大家都在學習如何表達自己，如何和別人交流與合作，這樣的學習過程大多是快樂的，而實驗證明，「即便是稍縱即逝的快樂，也能導致創造力大幅增加」。

鄭重信說：教育是「個人成為理想的社會成員的過程」，當我們的教育現場能夠將主導權交到孩子手中，讓孩子彼此去碰撞、磨合，我們將能看到更多創作成就之後的繽紛果實，也是臻於個人成為理想的社會成員的教育過程。

Chapter 4

將文字具象化
閱讀詩意的身體

活的身體（The lived body）就是文學的起源。

——Cf. Mark Johnson

身體閱讀是以身體為閱讀工具，以身體的經驗累積知識的注入，以及對文本的理解、感受，對文意的詮釋與轉化，更甚而將身體的多重感官經驗形成的身體感以及用身體演繹文字的過程做為文字創作的媒介。

　　這一個篇章裡，我將從以下五個層次，層層堆疊、演進，用身體閱讀將文字具象化，閱讀詩意的身體。

1.「用身體理解」：
身體閱讀加深對文本的理解。

2.「用身體詮釋」：
用身體的動作及情緒，表達與詮釋自己對文本的理解和文意的定義。

3.「用身體轉化」：
用身體的動作、感覺轉化文字的內容與意象，甚至是抽象概念。

4.「用身體演繹」：
用身體的動作、感覺和情緒演繹對文意的感受及定義。

5.「用身體寫詩」：
於即興動態的身體詮釋演繹文字，創作出詩句。

身體閱讀是我畢生的教學武功，在這本集我 30 年教學大成的武功祕笈裡，我希望讀者不只是看到你立即可使用的教案，同時也能吸取我引導學生學習與創作的經驗，教案人人都會寫，但如何將教案賦予生命，讓整堂課順利進行且能有機的創造，一個能觀其微、順其變的引導者才是靈魂。因此，我毫不藏私特別以逐字稿的書寫，用文字代替攝影機，完整呈現我整個教學過程，讓讀者看到我如何引導學生進行身體閱讀的細節，而行文間改變的字體，是提醒讀者我為何要在那個點轉換指令，還有其他教學上特別的叮嚀，認真耐心閱讀，且能轉化應用的教學者有福了，而更有福氣的是與你相遇的學生。

用身體理解

　　張之路撰文、趙靜繪畫的《神鳥》講述的是一個小學教師楊老師和孩子們的故事。楊老師退休之前，希望他教了六年的孩子們去捕捉蝴蝶送給他。一個叫「紫薇」的孩子捉到了一隻紅蝴蝶；一個叫「綠風」的孩子捉到了一隻銀色的蝴蝶；一個叫「藍天」的孩子捉住了一隻金蝴蝶。每個孩子都把自己認為最珍貴的蝴蝶交給了楊老師。但大家不明白楊老師要蝴蝶做什麼，紫薇，綠風和藍天在上中學的前一天清晨，一起來到楊老師的家想問個究竟。他們來到楊老師家，從窗邊望進去，楊老師睡著了，突然，一隻美麗的鳥兒從楊老師的枕邊飛了起來，那鳥健美而輕盈，羽毛五光十色。孩子們從來沒有見過這麼美麗的鳥兒。太陽出來了，鳥兒從窗裡飛出來，彩色的羽翼全部舒展開來，無數的彩蝶上下翻飛，五彩斑斕，光彩奪目……

教學筆記

　　這篇大陸作家張之路的幻想短篇故事，雖說是寫給小朋友的讀物，但其意境深遠曖昧，篇名是神鳥，但佔大篇幅的是蝴蝶，孩子很難第一次就讀懂。有一次在一個山邊小學，跨齡的身體閱讀中，透過第一輪與學生以朗誦方式共讀，大部分的孩子對內容及其所要

表達的寓意尚不能理解；第二輪共讀故事時，我時而學蝴蝶翩翩飛舞，時而模仿鳥兒輕盈飛翔，以說演方式把幾段文字立體化，孩子們就醒了，大笑說，叫救護車，要把我直接送到玉里榮民醫院（全臺灣人數最多的精神病院），還有人說地板裂了大縫了。故事中寫道：「像小水滴流入大海。」孩子接著說：「就像小螞蟻遇上大果凍。」故事主人公楊老師末了躺在床上，一隻翠鳥從他枕畔飛出。孩子說：「學生抓的蝴蝶與翠鳥合體。」還有一孩子說：「楊老師的靈魂附在翠鳥身上，變成新的生命。」這些妙語如珠的機智反應與第一輪以輪流朗讀共讀時的昏沉和呆滯截然不同；第三輪我讓孩子自選其中片段來搬演，加深印象；最後，我提出三個問題要求每個孩子用口語表達再用身體演繹。

問題一、「這篇文章到底要說什麼？」

孩子說：「生命、自由、重生、蝴蝶、楊老師的心願（有一個孩子堅持「楊老師想要蝴蝶」是這篇文章的主題）。」

問題二、「翠鳥代表什麼？」

孩子回答：「自由自在、飛翔、重生、美麗、夢想、與蝴蝶合體。」

問題三、「蝴蝶又代表什麼？」

孩子們的答案大多與第二題相似，但有一個立志要當醫生的六年級男生說：「楊老師希望藉由蝴蝶告訴即將要畢業的孩子，人生是彩色的，像我們早上的練習，用身體演出顏色，有黑色的悲傷，有黃色的希望，有白色的純潔……你要認真生活，才會活出各種色彩。」

雖然這群孩子過動了頭，但是想法真令人驚豔。在討論文章時，我的習慣通常是讓孩子自由發言，只要學生說得出理由，任何答案都是可以成立的。我提出問題，讓孩子第一層用口語回答，第二層用身體演繹自己的答案，是希望能幫助孩子聚焦在文章的重點上，並訓練孩子有自己的看法，同時能有自信地用肢體詮釋他自己的看法。最後，再向大家提出我的觀點。文末，楊老師枕邊飛出一隻擁有三位學生為他採集的蝴蝶羽色的翠鳥，頗為魔幻，我認為翠鳥是楊老

用身體閱讀理解文本

師重生的中介，又或許是楊老師不死的精神，美麗的，帶著學生送給他的愛繼續遺留人間。而為何要請學生抓蝴蝶呢？是期望學生的生命能如毛毛蟲蛻變成美麗的蝴蝶般，從小學畢業到國中，就是經歷一次蛻變的過程，生命能如蝴蝶般精彩美麗、自由自在地飛翔，所以，我覺得學生的詮釋都很確切很精彩。

　　而在往後每一次實驗中證實，傳統的輪流朗讀文章效果奇差，不是不能理解文意，根本不知道自己在唸什麼，還有人有閱讀障礙或連拼音都有問題，唸得很困難甚至無法朗讀等等，而透過我的說演以及孩子們自己的身體演繹，每個人都用身體參與討論，且都必須產出自己的詮釋與演繹的方向，透過這一個身體閱讀的進程，亦即講者生動的故事說演方式，把文字意象具體化之後，讀者的理解力、印象就開闊了、加深了。再連結閱讀故事前的暖身活動與文字閱讀後用身體演繹文字的寓意，就更能領略故事所要傳達的想法，甚至激發更豐富的想像力，連小二生也都能理解如〈神鳥〉這類難懂的文章。

《神鳥》

文：張之路，圖：趙靜。2015。希望出版社。

■ 教學目標

以身體閱讀〈神鳥〉，進行文章理解、轉化並合作演出。

■ 身體閱讀步驟

1 定鏡暖身，以動物為主題。

動物定鏡暖身

2 輪流朗讀神鳥文章。

教師說演故事（選擇其中片段）。

老師說演故事

 讓孩子自選其中片段來搬演，加深印象。

演出故事片段

5 教師提出三個問題，要求每個孩子用口語表達再用身體演繹。

問題一：「這個故事到底要說什麼？」

問題二、「翠鳥代表什麼？」

問題三、「蝴蝶又代表什麼？」

6 把答案寫下來或畫下來，最後用身體動作詮釋自己的答案。

孩子詮釋翠鳥代表自由、蝴蝶代表美麗……。

用身體詮釋

教學筆記

　　在一個從一年級到六年級的跨齡身體閱讀工作坊中，早上帶了蒙眼探索、鑰匙守護者、聲音地圖等等感官開發的活動，下午我以《你最重要的東西是什麼》這本書為主題，說故事前，先以定鏡做暖身。《你最重要的東西是什麼》的內容是作者訪問柬埔寨的小孩，請受訪者畫出自己最重要的東西是什麼，透過這本書，讀者約略可看到柬埔寨的小孩的生活狀況與面臨的貧窮困境，以及特殊的文化，包括住高腳屋、宗教、世界遺產文化等等。書中描述的柬埔寨，有我最真實的記憶，2005 年，我第一次到柬埔寨，參觀了很多神廟和偉大的雕刻，也送了一些文具到幾所小學去，柬埔寨因長年戰爭而導致整個國家非常貧窮，很多跟我同年紀甚至更年輕的人，童年幾乎都是躲在防空洞中度過的，在那段旅程中，我們看到很多孩童巴著觀光客兜售明信片、小飾物，也看到很多身體殘缺的人在乞討或是在觀光區彈奏音樂，同時販售自己錄製的音樂光碟維生，童工是因為貧窮，身體殘缺是因為誤觸了戰爭時期埋下的地雷——戰爭真的是世界上最愚蠢最殘酷也最荒謬的事。

　　在那年的柬埔寨之行最後兩天，我和姐姐拜託當地的中文導遊帶我們去傳統市場買雞鴨魚肉為雕刻學校的學生加菜。所謂的雕刻學校不過是一棟約三、四十坪大小的茅草竹屋，學生都住在學校裡，

早上下午分批去正統的學校讀書，其他時間就在雕刻學校學習皮雕和皮影戲，觀光客來，就表演皮影戲，遊客也可以購買皮雕作品請作者簽名。雕刻學校的學生都住在宿舍的通鋪裡，所有的事都要自己打理，連四歲小孩也要自己吃飯，自己洗澡……除了為雕刻學校加菜，我們還送了一些米給當地住戶，因為貧窮，物資缺乏，所以米飯成為最主要的食物，平時很少會吃到魚肉。而他們所住的高腳屋，是竹子搭建而成，大約一週就能蓋好一棟房子，而且全家人都擠在同一個空間，村子都沒有自來水，學校也沒有，都要去河裡或水井打水來用。

即使貧窮，即使生活上看來有很多不便，即使戰爭、地雷導致很多人身體殘缺，但我所看見的臉孔，遇見的人，都是如《你最重要的東西是什麼？》書中作者鏡頭底下友善且溫和的表情。

我在柬埔寨的經歷，孩子們聽得目瞪口呆。說完故事，接著做身體閱讀，第一步，定義什麼是「最重要的東西」；第二步，用身體做出具體或抽象的詮釋；第三步，找出定義的理由，從小一到小六竟都可以無礙地表達，孩子顯然充分吸收說故事前定鏡練習的暖身。

一年級的孩子說：「最重要的是照片、卡片，那裡有回憶。」（她用手捧著一張卡片狀），有人做手抱娃娃的動作，她最重要的是「妹妹」。有人高舉雙手，代表家人。有人說最重要的是生命，是疊杯，是音樂，是工作，要賺錢；是看書，累積知識；是關將手，這樣才

能被看見；是單車，想環島，想參加比賽，創造回憶；是食物，是米，是耕種；是電話，可以跟家人聯絡。

　　還有一個二年級的孩子說是筆記本，可以記下所有的事情。他畫的筆記本還有書名與圖文作者。

　　有想法，願意充分表達且不重複的想像真令人激賞。

用身體理解、定義字詞。

在另一次三、四年級花蓮新象協會身體閱讀工作坊，我與孩子們討論海洋帶給人什麼樣的感覺？孩子們說：「寬闊、幸福、浪漫的、鹹鹹的、舒服的、美麗的……」那麼，用身體演繹自己的詮釋吧！我說。

孩子們演出：「求婚、散步、鮮花、聊天……」這是浪漫。

那什麼是幸福呢？用身體演繹。收到禮物，和家人一起出去玩，吃糖果，有人為你服務……把這些畫面搬到海邊，是幸福，是浪漫。我喜歡孩子的想像如海洋般寬廣，有見地。

賈克・樂寇在《詩意的身體》中提到「動態默劇」（Mimodynamique），是一種將無形體的感官元素如顏色、文字、音樂等等轉化為有形的肢體動作的方法。運用身體去模仿、揣摩無形的動力狀態的表演形式。在我尚未認識「動態默劇」（Mimodynamique）之前，我的身體閱讀這套流程——以自己的觀點詮釋字詞，再用身體動作，也許是個人的「獨舞」，也許是集體的「演出」；也許是定鏡，也許是動態，來演繹自己對字詞的詮釋，這是我操作身體閱讀的「習式」。「動態默劇」（Mimodynamique）強調的是將蘊藏在物體內在的韻律、空間以及力量顯示出來；而我的身體閱讀比較著重的是孩子能在詮釋和演繹中產生想法，開發肢體的創造力，進而建立自信，也可以說是以「動態默劇」（Mimodynamique）找到理解文本、詮釋文本的一種方向。

共讀文本

《你最重要的東西是什麼》

山本敏晴 著，米雅 譯。2018。臺北市。親子天下。

■ 教學目標

練習以自己的觀點詮釋字詞，再用身體動作，來演繹自己對字詞的
詮釋，即用身體轉譯具象的事物或抽象的概念。透過繪本和故事，
也讓讀者認識柬埔寨的生活、文化和戰爭的殘酷，並進行反思。

■ 材料準備

繪本、A4 紙（一人一張）、色筆（蠟筆或色鉛筆皆可，可共用）、
另外，若空間可綁繩子的話，也可準備木色的細草繩及木色的夾子。

■ 身體閱讀步驟

1 定鏡暖身：
先以大家熟悉的一、二、三木頭人遊戲來破冰暖身。

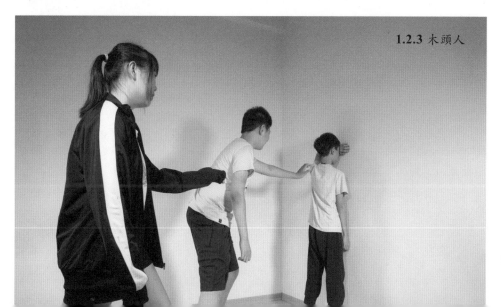

1.2.3 木頭人

2 看繪本說故事。

共讀文本

3 靜像練習：
以靜像表現自己喜歡的運動、喜歡做的任何事情。

喜歡做的運動——打羽毛球、打籃球和射箭。

4 靜像呈現：

以靜像定義自己覺得最重要的東西，選擇一種來表現即可，可以是具象的東西也可以是抽象的概念，例如，愛、健康等等。

用鏡像表現抽象的概念～愛

5 畫出美好：

再發一張紙，請大家把自己認為世界上最美好的事物畫出來，再把各自的畫放在教室的空間裡排列出來，若能準備繩子及木夾子，可以將畫夾在繩子上像曬衣服般展示。最後，請大家通力合作，以雕像塑造出每一個人心中的美好事物。可以分組討論呈現該組的部分，亦可大家即興合力創作；可以是靜止的雕像，也可以是有動作的，像舞者般的流動。

能在灑滿陽光的青草地上自在地跳舞，是世間最美好的事。

用身體轉化

教學筆記

　　這次，以「永恆」來做為身體閱讀的主題。在進入主題之前，先以文章中的幾個詞以及顏色的轉化作定鏡暖身，例如：「靜止不動」、「緊摟」（找一個同伴用有創意的方式緊緊抱著）、「凝固」（堅硬的、靜止不動）、「玫瑰花」、「青春」（孩子們以跑步、歡樂、出去玩、摸著臉、用手比 V 字等等來詮釋青春）、及幾種顏色的轉化，例如：灰色、紅色……（身體可以做什麼動作、情緒來表現灰色、紅色）。做了這些用身體詮釋與轉化的練習，才開始進入主題。

　　什麼是「永恆」呢？我問。孩子們認為「永恆」是永久不會過去的感覺或事件，然後，有孩子提出了「永恆的空虛」，她認為空虛的感覺是永恆的，其他人便開始嘗試為「永恆」下定義——思考是永恆的、擁抱的感覺是永恆的、孤獨是永恆、還有人說「永恆是憤怒，憤怒是永恆，分不開」，我欣賞且認可所有的定義，接下來就用身體把定義表現出來，透過身體的演繹與轉化，把永恆這抽象的概念轉化為具體動作，也就是賈克・樂寇說的：「把肢體技巧轉化為戲劇表現，賦予肢體動作一種戲劇意義。」孩子們做出擁抱、空虛、思考、憤怒、孤獨等等的定鏡，有動作有表情有情緒沒有聲音，第二次再加上聲音。每個人都有自己的姿態與情緒，也有獨特的聲音，讓冰冷空蕩的教室有了劇場的氛圍。

這一段文字對中年級的孩子而言不是那麼容易理解，但透過身體閱讀，孩子們都能理解文意抽象的文本。沿著孩子引出來的線我們延伸創作維度，在我的引導下，有了集體創作的詩句——

· 學 生 作 品 ·

永恆是

戀人粉紅色的擁抱

是淺藍色海洋般的思考

是

灰色雕像的永遠的空虛

後來個別創作，又產生了以下兩個作品：

永恆	憤怒
生命能是永恆的嗎？	憤怒是紅色的忌妒
能是的話真無聊	憤怒是藍色的憎恨
是黑暗的漩渦	憤怒也是綠色的激情
是紅色的空虛	更是死在寂寞的結束。
是永遠失落的世界	
豪	小芳

　　詩句雖不穩定，然而四年級的孩子卻在身體閱讀中靈魂觸動了永恆的剎那，似懂非懂地激發了令人驚嘆，沉吟不已的繆思。

《愛因斯坦的夢》

艾倫‧萊特曼 著，童元方 譯。2007。
臺北市。天下。

■ 文本

在時間靜止不動的地方，我們看到父母緊摟著孩子，這擁抱是凝固的，是永遠放不開的。有著金眼藍髮的青春美麗的女兒，永遠不會停止她正在展現這一朵嫣然笑靨，永遠不會失去她雙頰上柔和的玫瑰色光澤，永遠不會皺紋滿佈，永遠不會滄桑滿臉。她永遠不會受傷，永遠不會忘記父母的教誨，永遠不會產生雙親不懂的想法，永遠不涉及邪惡及邪思，永遠不會告訴父母她不愛他們，永遠不會離開她可以欣賞海景的臥室，永遠不會停止觸摸她的父母，如同現在一樣。

■ 教學目標

共讀艾倫‧萊特曼的《愛因斯坦的夢》其中一篇的段落，練習透過身體的演繹與轉化，把抽象的概念轉化為具體動作，並創作詩句。

1 　共讀文章，討論這段文字的主題為何？

2 　以「永恆」為主題。

3 　以文章中的字詞及顏色做定鏡練習，例如：靜止不動、「緊摟」
　　（找一個同伴用有創意的方式緊緊抱著）、「凝固」（堅硬的、
　　靜止不動）、「玫瑰花」、「青春」等等。

用身體轉化抽象概念，孩子們用動作表現自己定義的青春。

4 　為文章主題下定義。

5 用身體把定義表現出來，透過身體的演繹與轉化，把永恆這抽象的概念轉化為具體動作。

男孩認為宇宙是永恆；兩個女孩表現和永恆拔河。

6 加入情緒和聲音。

宇宙發出轟隆聲；女孩發出拔河加油的呼喝聲。

集體創作詩。

 運用課堂上身體的練習為題材創作一首詩,主題不限。

用身體演繹

教師筆記

（粗體字說明我為何要變換指令，以及對帶領者的提醒）

　　一開始的暖身，我要大家聽指令在空間走路：「直著走、橫走、斜走、後退走、學殭屍走路、發出聲音、坐下來，殭屍怎麼坐？像動物一樣移動——」這時，大多數人趴下，像狗，我再下指令像狗一樣移動，發出聲音，大家開始叫，但是我要求要慢慢爬，所以大多數人是匍匐前進的方式，不像狗，我說：「像貓一樣。」大多數人發出貓叫，且弓起身體，動作頗為優雅，但是幾個男生總是忍不住要去跟別人碰撞，我在這之前就換指令（**這裡換指令是為了避免學生趁亂碰撞**）：「像老鼠一樣，發出聲音的小老鼠，像剛出生的小老鼠慢慢爬，慢慢走——像蛇一樣爬行（**這裡換指令是因為從狗到貓到老鼠，動作重複性很高**）——」有的人用身體，有的人用手做蛇狀，三個聽障生，一方面看到別人身體動作的轉化，也學別人的模樣改變動作與行進方式；一方面，協同的老師也會以手語示意，幫助他們理解——我再換指令：「像毛毛蟲一樣爬行。」有很多人就弓起身體爬行，有人停下來了，能量下降了，我再換指令：「像袋鼠那樣跳。」有人用力雙腳蹬高跳、有人單腳跳、有人像僵屍那樣跳、有人腳不跳用手像跳舞那樣向前縮，樣子很活潑豐富，但整體看來有點疲乏了，我說：「像袋鼠那樣站著不動（頓，三秒）像

鱷魚那樣──」大家開始吼叫，伸出雙手並趴在地上、躺在地上、仰臥、三個聽障生聽不懂也跟著大家躺趴下來，甚至學著伸直雙手上下開合狀，動作太一致了，要換指令：「在海裡還可以看到什麼樣的動物。」學生說：「鯊魚、章魚、蝦子、小丑魚……」「好，做海裡的動物。」大部分的人需要幾秒的時間，一方面思考一方面觀察別人，避免重複，右邊幾個男生幾乎停下來了，慢慢的，開始動起來，水草（不是動物）、水母、珊瑚、海葵、有人叫我看他做海豚、海龜，有幾個女生，站著不動，我說：「每個人動一動，讓我看看你是什麼？」大多數人在原地上下左右用身體不同的部位擺動搖擺，除了慧心激烈地跳動，她說她是海馬。我再換指令：「變陸地上的動物。」貓跟狗的聲音最先出現，角落有三個女生跪著不動，沒有想法，三個聽障生也幾乎停下來，獅子、大象，還有更多只是趁亂去向別人吼叫甚至以頭去撞人，變化不多，開始有點混亂，我說：「變企鵝，走路。」大家都用同樣的方式，雙手向下擺、手掌向外張、雙腳左右移動，只是節奏稍有不同，最後一個指令：「做出一個你想像中的動物，不存在在這個世界上的動物。」有人又開始要作亂，亂叫、去撞人，我說：「在原地做。」接著倒數五秒，重複指令，數到一時，只有女生做出來，有人張開手做飛翔狀、有人亂跳，男生都在觀望。我說，用身體的直覺做出來，想怎麼動就怎麼動，我做了幾個身體扭曲的動作（當學生的思考處於停滯、膠著狀態，老師可適時做身體的示範），說：「隨便動，讓你的身體

扭曲、彎曲、捲曲，都可以（我邊說邊做動作，隨興的動作），動了就會有靈感。」學生開始扭曲、彎曲、捲曲身體的部位，甚至有奇怪的擺動與扭動的動作出現，更自由了。我說：「好，在原地定格做一個動作就好。」有一半的人很快就找到停格的姿勢，一半的人需要別人的刺激、觀察、模仿再跳脫，做出自己的動作。我再下指令：「發出一種聲音，什麼樣的聲音都可以，停格的動作發出聲音就好。」（停格，發出聲音，學生就不會發生碰撞）孩子們紛紛發出不同的聲音。我蹲下來聽了大家的聲音之後接著說：「現在大家想像你是大自然在創造新的物種、新的生命，剛剛已經練習過一次了，現在再一次機會，從定格的動作代表他的外型、聲音、以及

用身體演繹詩句，更有畫面。

如何移動等等，創造一種新的物種，給十秒，創造出來。先做出動作來，就是牠的型體，看牠是要躺著、坐著、趴著、站著、跪著、扭曲、捲曲、彎曲等等都可以。」孩子們動作做出來，各種姿態都出現了，更有創造力了。我說：「發出聲音。」有人發出機械的單音，有人發出連續的叫聲，我蹲下來聆聽每一個人的聲音。

「停。想一下這個生物怎麼移動？用滾的、用爬的、用扭的、用走的、用跳的等等，先不要發出聲音，只要移動。」我說。有學生問他不能動怎麼辦？我說：「不能從 A 點移動到 B 點，也要在原地動。」三分之一的孩子用爬的，有人坐在原地前後左右地擺動，小志像機械般左右擺盪，小莉是機械式地跳動，小俊雙手拉著弓起的腳用腹部移動，有人弓起身體四肢爬，有兩人躺在地上扭動，我說：「加入聲音。」真是一個瘋狂的樂園，可以安全的無畏的隨意移動且狂叫（這時老師只要注意安全即可）。再換指令：「吃東西。用任何可能的部位吃東西。怎麼吃？」有些人想不出來怎麼做，我再換指令：「最喜歡做什麼事情？走路、睡覺、抓獵物、抓頭髮、理毛——」大家都很自在地動起來，少部分男生追逐起來，不然就跟別人的身體碰撞打鬧——這是最大的問題。我喊著：「停下來。我請大家想一下，為這個想一個名字。」有人說：「狐狸精、孫悟空——」我說：「這都是大家知道的名字，還有沒有創新的？」

我發下紙，請大家先把名字寫下來，為這生物取一個不一樣的名稱，再思考一下，他在那裡生活？陸地？海裡？天空？還是其他

地方？可以拼貼不同的動物或是從現在既有的動物出發去想像，可以從他的顏色、如何行動、喜好、吃什麼東西、棲息地、發出的聲音……去命他的名。等學生寫好動物的名字之後，我接著讀詩。詩名：火烈鳥（我一字一字用身體的動作做解說，為了三個聽障生）。

文本	火烈鳥 是一種 長長的 粉粉的 冰冰冰冰冰的 雞尾酒

「長長的是在形容哪個部分？」我問。「脖子。」學生答。「可能也是身體長。」我說。

「冰冰冰冰冰冰的，是在形容他的觸感還是性格？比如說有的人看起來很冷漠、不容易接近等等，但也有可能是形容他的觸感，我不知道，沒有標準答案。粉粉的——」學生認為是在形容他的顏色。

最後，詩人用雞尾酒來比喻火烈鳥。我對學生說：「酒，你們沒喝過，酒喝了會有什麼感覺？」「會醉。」學生說。「雞尾酒不太容易醉吧！我不知道。主要是水果加調酒。」我說。有學生說把雞殺掉再加酒，我說：「這叫雞血酒，結拜時才喝（這我也是亂扯），雞尾酒味道很多很豐富，可能是在形容火烈鳥讓人感覺豐富、有點甜蜜、有點烈——現在我們用身體來讀，請大家散開來。我唸到哪裡，就用身體來做。除了做出身體的形狀，還有感覺、情緒等等也要做出來。先做出火烈鳥，一隻鳥的樣子。」每個人鳥的樣子都不一樣，有人跪一隻腳、有人身體趴下張開手臂，有人張開手臂，我提醒：「感覺強烈一點，振翅再強烈一點——長長的，讓身體再延

用身體演繹詩句，更有感覺。

展一點，再拉長一點——冰冰的，不只是摸到東西很冰涼，也不一定是寒冷，也可能是態度、冷漠，不喜歡跟別人接觸或是冰的質感，僵硬的、滑滑的——」「水水的」學生說。

「粉粉的，告訴我粉紅色是什麼感覺？」我問。「溫柔。善良。可愛。冷淡。開心……」學生答。

雞尾酒，學生大多表現喝醉、還有頭痛。

下課十分鐘。第二節課繼續上一堂課未做完的部分。我邀請大家：「粉紅色是什麼感覺？請表現出來。」學生個個表現出一種情緒或姿態。

「等一下雞尾酒不要做喝酒的動作，可以表現雞尾酒本身給人的感覺，比如說很 high，很甜蜜，很痛苦——」我提醒。「傷心、後悔。」學生接著我的話說。

我要大家散開來，重新演繹這首詩，並提醒不要想太多，做就對了，當下有靈感就做。

我一邊念詩孩子一邊用身體做，不一樣的翅膀、不一樣的延展，冰冰冰的，有人表現冷漠、寒冷、冰凍、僵硬，小俊比出四方形……雞尾酒，有人茫然、痛苦、喝醉、想飛、開心……我說：「回到一隻鳥的樣子，用火烈鳥的型態表現出剛剛的情緒。」

每個孩子有自己的姿態，展現出自信與創意，我說：「剛剛非

常好。對這首詩比較有感覺，比較能理解這首詩了嗎？詩人從哪些方向去形容火烈鳥？」學生答：「身體、個性、顏色……」

我問：「只是純粹的念詩或是用身體來玩這首詩時不太一樣。有什麼不同？」慧心說：「比較有感覺。」姿伶說：「用身體做之後比較有畫面，比較能想像。」

身體除了可以表現出形體、形狀，也可以表現出顏色、也可以表現出雞尾酒這種在身體的表現上是抽象的物質，身體有很多可能性。經歷這堂課，對此，我更有體悟。

然後我公布答案，火烈鳥是一種雞尾酒，長長的是指酒杯，粉粉的是酒的顏色，學生恍然大悟地「喔～」出聲。但，我就是要以誤讀來引導孩子創作動物主題的詩。

接著，再玩一首詩，先不說出詩人描寫的生物是什麼，詩句如下頁。

我略為解釋梅杜莎的神話，問：「詩人把這個動物比喻成梅杜莎，他在形容什麼？」「蟑螂。」學生答。全體大笑。

「現在來玩這首詩，做出一個動物的樣子，任何動物皆可。」我唸出詩句：「他不是果凍做的——做出果凍的樣子。」學生做出身體有彈性的感覺。「他也不是魚」——學生演魚。「所以，你們猜到它在那裡生活了嗎？他一般都隨水飄動。」——有人猜海蛇。

牠不是果凍做的，

牠也不是魚，

牠一般都隨水飄動，但也能扭一下

牠像魚

牠不長肺不長腦一般也不長眼。

餓了，觸角到處亂撿

就像那位把人變成石頭的女怪

你最好還是離這位「梅杜莎」遠一點

「水來了，隨水漂動一下、扭一下。」我提醒。「她不長腦不長眼也不長肺。餓了，觸角就到處亂撿——所以牠是有觸角的，伸出觸角來扭一扭。」

我一邊再念一遍詩，一邊做動作扭來轉去，學生幾乎躺在地上，跟著我的聲調強弱扭動。我問：「猜出是什麼了嗎？請作出你的答案來。」

學生的答案有海葵、水草、垃圾、水母，章魚，有六個人猜水母，人數最多。對錯與否不重要，重要的過程中，身體能量與創意的激發與展現。

　　今天的作業，我請學生創作一首動物詩，從牠的行動、外觀、性格等等去描寫，最後用另一種東西來比喻，不能用同質性的東西，例如寫魚，你又用魚來比喻就不好。創作時間十八分鐘。（這個時間是依課程進行的狀況而定。）最後，用身體演繹詩。

　　好喜歡三個聽障生的圖象想像，令人驚奇，他們把不同的生物連結成新的物種，但不知如何寫詩，他們導師用手語傳達意思似乎不太成功。四年級的孩子經過身體對文字的演繹之後，繆思也飛舞起來。不過他們最大的創造是創新字，而非詩句。剩下的時間不多，只能讓兩名自願者上臺演繹自己的詩。

　　小慧雙腳向外張坐著，雙手半彎手掌下垂，發出 BI 寶 BI 寶的聲音，她不知如何詮釋愛搗蛋，便跑到電腦桌底下躲著，我說這是表演上的浪費，觀眾看不到，她回到表演區，雙手向空中亂抓——她找到詮釋的方式，真的很棒。

　　另一名學生小姿則演繹一個憂鬱的藍色的冷漠的女神，會發出冰娜冰娜聲的女神。

　　她們兩位的作品附於下頁：

小 Bi 寶

小 Bi 寶是愛 Bi Bi 叫的動物

牠的聲音像初生的寶寶

身體像娃娃

可愛的

愛闖禍

但是最喜歡的還是 Bi Bi 叫

小慧

睡冰娜

冰城之神

她的耳朵是雪花

身體藍藍的

有時小小的

喜歡冰娜冰娜的叫

愛睡覺

生氣時會變成冰塊

她是藍色守護神

小姿

身體演繹自己的詩讓表演者在即興的過程有更多想法的激發，並且透過別人身體的演繹將文字立體化，三個聽障生也明白了如何寫詩，在下課時間自發性地把詩寫下來，我清楚記得導師還在旁邊註明：「××自己寫的。」甚至還很激動地跟我分享這個令人感動的過程，可惜三位聽障生的作品並未交給我，我也忘了收，所以無法重現他們寫的詩及畫。

　　檢視整個上課過程，我（引導者）保持高度覺察力與動能，隨著學生身體的各種狀況變換指令拿捏練習的時間與狀態，並用身體動態朗讀詩，讓學生了解詩意並產生不同層次的感受；同時也讓學生自己用身體動態解讀詩，這除了讓閱讀文字的靜態過程變得有趣好玩，身體的感知動能也激發更多對詩句的理解與想像，感知即是「行動」，或說是感知乃是行動的結果，身體的行動帶動了思考，也在此活絡的教室中提升感知的結果，孩子可以很有自信地演繹形狀、顏色、物質的特性，還包括情緒與性格等等，然後，觀看別人演繹自己的詩之後，又刺激了其他孩子創作的靈感。連平常都遠遠觀看的協同老師也驚嘆孩子的表現，對我的課程與孩子的創作產生興趣。

《最美動物詩集》

J. 帕特里克‧路易斯 主編。2015。

■ 共讀短詩

<table>
<tr><td>

〈火烈鳥〉

是一種

長長的

冰冰冰冰冰
冰的

粉粉的

雞尾酒

</td><td>

〈水母——水中果凍〉

牠不是果凍做的，

牠也不是魚，

牠一般都隨水飄動，但也能扭一下

牠像魚

她不長肺不長腦一般也不長眼。

餓了，觸角到處亂撿

就像那位把人變成石頭的女怪

你最好還是離這位「梅杜莎」遠一點

</td></tr>
</table>

■ 教學目標

用身體模擬動物的行動，開拓想像力的練習，用身體的動作與感覺
演繹詩句。

1 空間走路、動物變形練習。

空間走路

2 將同學分組,各組集
體做出一個想像中的
動物,不存在這個世
界上的動物,並為牠
命名。

集體做出一種想像中的動
物～八爪怪。

132

3 讀動物詩：火烈鳥。

4 討論詩。

共讀詩集

5 用身體演繹詩。

用身體做出「長長的」、「冰冰的」、「粉粉的」、「雞尾酒」。

6 讀第二首動物詩。

7 用身體演繹詩。

用身體做出「果凍」、「魚」、還有心目中的答案。

 請學生創作一首動物詩,從牠的行動、外觀、性格等等去描寫。

用身體寫詩

教學筆記

　　（放音樂）請大家在空間中散開來。我開始下指令：「八拍之中慢慢從一物質轉變成另一物質或自然現象。包含節奏、身體、情緒、張力——稻穗（迎風飄揚）→大海（寬闊）→魔鬼（張牙舞爪）→天使（輕快、多數學生張開手臂做飛翔狀，有學生做吹樂器狀）→瀑布（每一個動作會做幾秒，再開始數秒）。」

　　第一次，很多人都不在節奏裡，都是同樣的張牙舞爪，又叫又跳，尤其是男生，第二次，我做了身體的示範，強調包含節奏、身體、情緒、張力，要在八拍裡面慢慢轉化。每個學生都有做到變化，也在轉換之中控制節奏、身體的動作、速度，然後慢慢變形，稻穗的輕擺、海浪的拍湧、魔鬼的嘶吼到天使的輕快及最後瀑布的放鬆快樂。孩子們做得很好（稻穗→大海→魔鬼→天使→瀑布，這幾個指定題目是在課程一開始時，我請學生隨意寫出一種他現在想到的任何生命或自然現象）。

　　接著做顏色轉化的動態練習，把對顏色的感覺或想像用身體的動作與情緒表現出來——（以下的文字，標楷體是我說的話，斜體標楷體字是學生的回答，括弧裡藍色字是學生做的動作，括弧前是學生做出來的對顏色的定義）。

（一）金色：有什麼是金色？*陽光、大海、稻穗、樹林*。金色給人什麼感覺？*溫暖、開心、舒服、平靜*。

我提醒學生：等等可以做那個顏色聯想到的東西，或那個顏色給人的感覺，或是那個顏色會讓人聯想到做什麼樣的事？不要拉自己的衣服這種動作，說衣服上有金色，這樣太直接。

學生的呈現：開心（坐著，頭往後仰笑著）、微笑、溫暖（雙手環抱胸前）、大海、稻穗、舒服、擁抱、溫和（雙手環抱胸前）、開心（睡覺）、清爽（坐著，頭往上看笑著）、大方（張開手臂）、火。

（二）灰色：*揮別、墳墓、悲傷、不開心、哭泣、黑暗、痛苦、地獄、絕望*。（*八秒做出來*。）

七、八個人全都坐著，頭埋進雙腿中。我說：揮別、墳墓、悲傷、不開心、哭泣、黑暗、痛苦、地獄、絕望……都是不一樣的情緒與狀態，再想想，用不一樣的動作、情緒來表現。

學生的呈現：有人低頭哭、有人不耐煩，有人呆望（頭向上向下或向前）、有人趴著、有人跪著，有人把頭埋進雙腿中、有人蜷縮著。（有進步了。）

（三）紅色：*熱血、熱情、火焰、大聲歡呼、愛、地獄的火、愛情的火花……。（八秒做出來。）*

學生的呈現：愛（比愛心）、歡呼、火焰、熱情（揮動手肘）、開心（揮手）、生氣（拍地板）、春聯（躺在地上）、跳舞、很熱、流汗、吐血、煩惱。

（四）綠色（有學生指定表演這個顏色）：*青春、大草原、噁心、嘔吐、很熱、大地、鸚鵡。*

學生的呈現：青春活力（兩個人手勾手，我說不夠，兩人開始大叫大跳）、草原（躺在地上）、放鬆（跳舞）、自由（小鳥跳來跳去）、噁心、青春（手勢比 V）、草皮（坐在地上）、綠豆、阿彌陀佛（我說：你這是瑜珈式）、變色龍、鸚鵡、蛇。

我請大家做一次草地，有人揮小手、有人趴著搖屁股、有人躺著揮舞雙手然後請蛇爬過去、變色龍走過去。大家對於這個即興非常投入，很有創意。接著把四個動作連接起來，第一次，從金色→灰色→紅色→綠色（依著我的指令做剛剛自己做的動作）第二次，跟著音樂，八拍從這個顏色轉換到下一個顏色，情緒也要轉換。譬

如：從希望的金色轉到 DOWN 下來的灰色，轉到熱情或危險的紅色再到活潑或和平的綠色，又或者你可以有自己的不同情緒的詮釋都可以。我說。

學生轉換得不錯，記得自己的動作，也在節奏裡，但情緒弱了點。

然後我把本子發下去，請學生把剛剛講的句子寫下，金色是什麼？灰色是什麼？紅色是什麼？綠色是什麼？一句寫一行，從上寫到下。保留空間，等等要把句子加長。

接著我讀《紅色在樹梢唱歌》的片段，例如：

| 文本 | 春天時，紅色在樹梢唱歌：
「唧哩—唧哩—唧哩」
每顆音符
就像櫻桃
掉進我的耳朵裡。 |

邊讀邊以問題與孩子互動，「紅色是什麼？」「是小鳥。」「作者用顏色代替『小鳥』這個名詞，等於把顏色擬人化，賦予了顏色

生命，他在樹梢唱歌（樹梢—地點；唱歌—動作）又把紅色（小鳥）的歌聲做另一種比喻——櫻桃。」然後，請孩子模仿《紅色在樹梢唱歌》的書寫形式，加長自己的句子，讓自己的詩有更活潑的生命，最後用身體演繹出來。

　　以下列出三個孩子創作的詩：

● 學 生 作 品 ●

藍色

在海洋中游泳

紅色

在秋天裡賞楓

黃色

在月光下跳舞

黑色

在絕望底沉睡

小欣

紅色是媽媽被刀子割的傷心

藍色是姊姊結婚穿的禮服

黃色是晚上探頭出來的月亮

黃色照在媽媽的手上

也照在

藍色的禮服上。

小昇

夏天

綠色是樹枝上的葉片

是我青春的笑容

紅色是樹梢上的果實

是我哭泣的時候

黑色是隧道裡的洞穴

是我孤單寂寞的時候

藍色是天空上的白雲

是我自由自在的時候

黃色是夕陽中的太陽

是當媽媽把我進懷裡的時候

白色是一張紙

寫滿我全部的希望

小香

這些孩子從來沒寫過詩（很令人驚訝，現在的小學竟沒有作文課，也沒有機會讓學生好好創作），而他們的老師也表示，除了小欣之外，其他人的寫作能力都不好，會寫出這樣的句子令人感到驚奇。學生表示身體的動態轉化練習有激發了寫詩的靈感，這的確是十分奇妙的創作引導過程，我不僅打破了坐在書桌前被馴化的、規矩的寫作模式，在教室空間解放被成排木桌規範的身體，並讓身體成為學習的媒介，創作的媒介，透過身體的即興動作探索想像的經驗，打破我們習以為常的慣性，包括思考上的及身體的動覺投入與慣性。Elyse 認為，當學生用自己的身體時，是以獨特的、啟發式的方式來「瞭解」事情。

用身體演繹顏色

141

共讀文本

《紅色在樹梢唱歌》

喬艾絲‧席曼著,幸佳慧譯。2011。
新北市:滿天星傳播。

■ 教學目標

透過顏色轉化的動態練習,以及朗讀《紅色在樹梢唱歌》的片段,
模仿《紅色在樹梢唱歌》的書寫形式,創作短詩。

■ 身體閱讀步驟:(本節活動較抽象,詳見 135 頁教師筆記,有
　　　　　　　　詳細指令與步驟。)

1 節奏、身體、情緒、張力轉換的練習。

在八拍之中從稻穗→大海→魔鬼→天使→瀑布的動作、節奏、情緒與張
力的轉換。

顏色轉化的動態練習。

用身體詮釋做出對不同顏色的詮釋

 請學生把在課堂上講的句子寫下，例如：金色是什麼？灰色
是什麼？紅色是什麼？綠色是什麼？一句寫一行，從上寫到
下。

 朗讀《紅色在樹梢唱歌》的片段，例如：

　　春天時，紅色在樹梢唱歌：

　　「唧哩─唧哩─唧哩」

　　　　每顆音符

　　　　就像櫻桃

　　　掉進我的耳朵裡。

邊讀邊以問題與孩子互動。

共讀詩

5 請孩子模仿《紅色在樹梢唱歌》的書寫形式，加長自己的句子，寫成更完整的詩。

6 用身體演繹自己寫的詩。

用身體演繹詩激發更多想法和感受

Chapter 5

身體閱讀是
無從設限的創作

在運用思想時，我們不僅用腦，全部神經
系統和全體器官都在活動。

——朱光潛

無從設限的創作

以用身體閱讀動物詩延伸用身體寫詩為例

所有我接觸到的各個年齡層裡面，小學生的身體被開發的可能性是最高的，通常兩個小時就有顯著的轉變，而一整天的工作坊，到了下午更能感受到孩子身體的、思想的感受力、創造力，都明顯提升許多。再以下面這則在偏鄉小學的身體閱讀工作坊的教學筆記為例：

這群孩子害羞加上未曾上過戲劇課，不曾有過肢體表演的經驗。我立即調整活動與步調，後來進入讀詩的暖身，四人一排用自己的方式從 A 點移動到 B 點，又是模仿效應，四人之中，通常會有二到三人做同樣的動作，且是最簡單的走路、跳走或類似青蛙跳的動作，到目前為止，我嚴重感覺這群孩子要展現創意的時候完全貧瘠沒有想法，要規矩的時候，比如排隊、圍圓圈，卻老是搗蛋。

我從舞蹈的基本位移介紹再用身體抖、甩、扭、轉、擺盪、搖擺等等方式運動，揉合起來重新從 A 點移到 B 點，開始有不一樣的創造了，身體可運動的部位與想像馬上增強了。

從自由的移動到模仿海洋、陸地、天空各個不同環境的動物，孩子們的肢體創造真的開發了。

接著讀詩：

〈蛹〉

小毛毛蟲慢慢爬

爬一會兒，它就睡了

睡一會兒，它就飛了

飛一會兒，它就死了

走完了這三步

這一生就過完了

　　用身體模擬一隻毛毛蟲玩這些過程，再和孩子討論，在蛹裡、當一隻毛毛蟲和成為蝴蝶飛來飛去，有什麼感覺，小孩說了很多，再唸一次詩，並用身體閱讀一次，這次要加入剛剛討論的感覺，一半的小孩把詩都記住了，再讓孩子在白紙上畫出蛹、毛毛蟲和蝴蝶。再玩一首詩，孩子們竟搶著坐我前面的座位，而下課時，孩子們也紛紛拿起這本動物詩集來看。第二首玩的詩如下：

〈牛〉

牛

行如山巒，

角

利如堅石，

蹄

擲地有聲，

止

恰如其分。

　　解釋之後懂了，就用身體閱讀吧！用身體做出一座山、銳利的堅石、走路擲地有聲，安靜。大部分的孩子本來都是單獨做的，後來有人自動找夥伴一起創作，集合成不同形狀與姿態，甚至即興創作出高難度的搭配動作。最後，孩子自然形成了五個組別，分組呈現時，我邀請沒有表演的孩子幫忙唸詩，大家竟都搶著上臺！這與早上的呆滯木訥真是天壤之別。

這一路的變化令我驚奇，教學之於我就是一場又一場無從設限的創作，從發想到教學過程到成果展現，我與參與者共同創作出如舞臺劇般一次性的藝術。太美了，能讓孩子讀詩讀得如此開心。

孩子們在最後踴躍發言，今天太好有趣、太開心了，希望還有下次，上課太好玩了……我也這樣覺得。

大多數在一旁看我上課的老師，包括我自己都感覺，在小學的身體閱讀課中，孩子都像被我下蠱著魔一般，叫他學狗爬就學狗爬，學貓叫就學貓叫，常常在激烈的暖身中大叫大跳如入無人之境的瘋狂自在，並且樂此不疲。而身為引導者我也必須保持高度動能與覺察力，隨著學生身體的各種狀況變換指令拿捏練習的時間與狀態，並用身體動態朗讀文本，讓學生理解文本並產生不同層次的感受；同時也讓學生自己用身體動態解讀文本，孩子可以很有自信地演繹形狀、顏色、物質的特性，還包括情緒、性格與詩句等等，因為自信，身體就更放得開；因為身體放得開，就更有自信——這是相輔相成的效益。而相較之下，低年級的孩子玩得最開，但身體最容易失控，特別是男生，容易與他人有意無意地碰撞，擾亂上課；高年級進入青春期，集體活動時可以很自在很瘋，但個別呈現時，便像縮頭烏龜，聲音、肢體都縮了大半，也比較容易覺得尷尬。

低中高年級各有不同的身體樣態，是文化的養成。就人類學對文化其一的定義：文化是人們所從事的活動。在身體閱讀課中我的

身體以高度動能營造了輕鬆的教室氛圍、活絡的學習氛圍及大量身體感知的活動，開發了孩子的感知潛能，也形塑一種課程文化，在身體閱讀課中導出的創作成果，連協同教學的老師都感驚訝，他們皆表示學生從未寫過這樣水準的作品，而學生也表示身體的動態轉化練習有激發了寫作的靈感，這也證明在身體閱讀課中，文字文本此「外物」，透過說者／我／引導者的說演／動態解讀／提問／活動等等的牽引，開發感知潛能，打開身體多重感官的經驗，在身體、心智、中介物和他人合作產生的結果——即孕育、激發了的創作能量。

用身體寫詩的習式

這三十年來，我在實驗身體閱讀的過程中，逐漸形成一套習式，以身體與文字的相遇的練習有以下的習式進程——

1. 與文本相關的暖身。

2. 閱讀文本。

3. 以自己的觀點詮釋字詞或抽象概念，再用身體動作，也許是個人的「獨舞」，也許是集體的「演出」；也許是定鏡，也許是動態，來演繹自己對字詞的詮釋。

4. 延伸對字詞或抽象概念詮釋進行短詩創作。

這實驗的過程，之於我，是在教學中引出學生「詩意的本質」來滿足我深戲與創作的慾望；之於學生的獲得，是在我的引導中，從不會動的事物，諸如顏色、文字等等找到內在動態，透過模仿、透過詮釋、透過轉化、透過演繹，把這份內在動態從潛意識深處拉出來，將之投射於外在世界，在過程中重新認識重新理解這些抽象的事物，進而產生領悟，最後變成一種創作的力量，彷若毛毛蟲蛻變成蝴蝶的過程。

可無限延展擴充的身體閱讀

以〈上山種樹〉教案為例

對我來說，教學就是最大的創作，也是讓我亦神聖亦歡樂的達到最高創造力的深戲。在身體閱讀的教學實驗中，每一篇文字都變成一場遊戲，每一首詩也變成一場文字的舞蹈儀式，而每一次的身體閱讀都成為一場深邃的心靈交會。

教學是我最能信手拈來優游自在創作的藝術形式，我以文本為題材，教室為畫板，每一個舞蹈的、戲劇的、玩耍的、閱讀的身體，都成為我繽紛揮灑為世界增添色彩的傳達我們思想、情感，讚美、歌詠，在這世界的混沌中找到秩序的一種藝術，一種儀式。

為在混沌中找到秩序，觀看靈感如何閃現與匯聚捏塑，以「上山種樹」這篇散文發想的身體閱讀活動為例，該篇文章收錄在翰林版本國小六年級的課文，出自於我 1999 年的作品《大自然嬉遊記》中，有時是以該書作為不同對象的身體閱讀課共讀的教材，有時是針對小學教師的教學研習，因而以此篇作為發展課程的文本，活動時間短則半小時，長則三小時，從小學生到樂齡，從故事志工、親子及教師，都是身體閱讀的對象。「上山種樹」描述的是我帶學生到半屏山種樹的過程，種樹之前，我跟學生分享了在阿爾卑斯山植樹 35 年的「種樹的男人」的故事，文章再回到半屏山的場景，學生

和家長一起將我事先準備好的樹苗種下，並在樹苗上掛牌子，牌子裡寫的是學生想對小樹苗說的話，之後，學生的父母還常常帶學生上山去為樹苗澆水。

〈上山種樹〉

收錄在《大自然嬉遊記》，洪瓊君 著。2017。
臺中市：晨星出版社，

■ 文本：〈上山種樹〉

我到野外去，除了收集種子之外還喜歡撿拾樹苗，我會先在野外挖一些土回來，再把樹苗栽種於花盆裡，如果有朋友要，我就送。

一回，我從葫蘆谷撿了二十多棵馬拉巴栗的樹苗回來（那裡每日有上百顆的馬拉巴栗及咖啡豆的種子萌芽），家裡的陽臺有點擺不下了，我便決定把這些樹苗分送給學生，並安排一堂課帶他們上山去種樹。

種樹之前我先和孩子們分享一個「種樹的男人」的故事。故事的主人翁艾爾則阿‧布非耶從五十三歲開始每日在荒地裡種下一百棵橡實的種子，經過三十二年，原本乾旱的荒地已變成青蔥的森林，乾涸的小溪也淙淙地流動，動物開始出現在森林裡，溪流裡也充滿生命，人們又回到村莊來居住（原本村莊裡只住了三個人），麥田、薄荷田、農夫和野餐的人為這片土地注入更鮮亮的色彩。這一個天堂樂園完全來自艾爾則阿‧布非耶的賜予。

艾爾則阿・布非耶足足種了三十五年的樹。與孩子們分享他的故事，便是希望這次種樹對孩子而言只是個開始。

　　這次種樹的活動我邀請學生家長一同參與，主要是讓他們知道種樹的地點，以後可以常帶孩子上山為樹苗澆澆水，看看樹苗生長的情形。

　　種樹的地點我們選擇在半屏山，經過三十多年的濫採石礦，半屏山已有三分之一的面積變成禿山。我們先巡視之前在這裡栽種的樹苗，生長狀況都很不錯。來到半山腰，預定種樹的地點，我們帶來的樹苗有馬拉巴栗、臺灣欒樹和波羅蜜（這兩樣是由種子培育而來的）。在種樹之前，我很誠懇地對學生說：「我曾經訪問過山腳下的村民，他們說在他們小時候，半屏山的樹還很多，臺灣獼猴的數量和柴山差不多，松鼠、蛇啊！都常見到。但是水泥公司一直採礦，樹林不見了，動物也消失了，山腳下的村民也幾乎不再上山來了。現在你們種下手中的樹苗，便是創造一片森林的開始，還記得『種樹的男人』吧！你們要常常來看看你們的樹，替它澆澆水、和它說說話，它就會長得好。以後你們結婚生子，還可以帶你們的兒女、孫兒來看你們小時候種的樹呢！」

　　土很乾又堅硬，孩子們很賣力地挖，小心翼翼地植下樹苗，在它的周邊圍一些乾草保持水分，終於大功告

成了。這次種樹的經驗對學生及學生家長都是難得而珍貴的。我們種下樹苗，同時也是種下對這塊土地的一點希望。

當平常假日鮮少出外遊玩的學生對我說他爸爸媽媽，週日要帶他去幫樹苗澆水，而且希望下次種的是他自己培育的樹苗時，我便知道這次種樹的收穫已經遠超過我原先所預想的了。

■ 教學步驟

1 先做暖身，可以做最簡單的一、二、三，木頭人的變奏，變動物、變種子、變大樹（學生可以自己長成任何一種樹，現實或想像的樹都可以）。

一、二、三，木頭人變奏暖身。

2 共讀文章。

3 針對文本做一些討論，並補充我在半屏山自然觀察的經驗及田野調查的故事。

4 進入身體閱讀。

■ 身體閱讀活動方式

1 上山種樹
從文本拉出兩個故事場景，且將所有人分成兩組，一組是半屏山組，一組是阿爾卑斯山組，以提問方式，將三幕場景定出大綱，討論內容與意象氛圍，最後分組以戲劇形式呈現。

半屏山組—生機蓬勃。

半屏山組——破壞（挖土機來）。

半屏山組——種樹。

半屏山組——恢復生機。

種樹的男人組──乾旱荒蕪。

種樹的男人組──一個人種樹。

種樹的男人組──野餐的人、回到村莊居住的人和淙淙流動的河水。

2 樹的意象

以大張海報散型發想任何與樹有關的語詞、感覺意象或事物（例如：成長、茁壯、力量、果實、綠蔭、家具……），再以這些語詞作為創作的文圖或戲劇的材料。

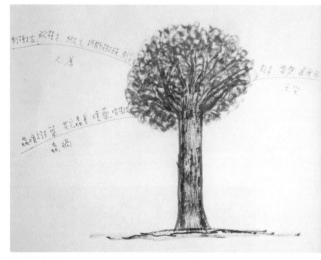

樹的意象

3 樹下的回憶

請大家分享與一棵樹有關的回憶，再以文圖及戲劇的方式呈現記憶。

樹的回憶

4 樹的生長
以大張海報散型發想一棵樹的成長會遇到什麼樣的阻礙，包括
人為、天災……再以這些發想為素材創作三幕劇。

5 用身體長出一棵樹
用身體模擬一顆種子的
成長，長成一棵樹。想
像自己要成為什麼樣的
一棵樹，可以從現實取
材，亦可超脫現實，想
像一種不存在的樹。用
身體做出來，再輔以圖
像、文字的創作。

十字架的樹

6 上述身體閱讀活動可以多項搭配操作，視對象、時間、場地及
教學現場互動的情境而調整。

由此例子中看到身體閱讀課不僅是教學對象廣泛，年齡層跨度大，活動時間也非常彈性，可無限延伸，可濃縮快炒亦可慢火熬煮可短可長。

米哈里・契克森米哈賴提出了兩項創造力之所以是我們生活意義的主要來源且令人著迷主要的理由：1、大多數有趣的、重要的、合乎人性的事物，皆是創造力的產物。 2、在我們身入其境時，會覺得比生命其他時刻更加充實。

在不斷變奏的教學實驗裡，我在高度的創造力中感受到更充實的生命片刻，更迷人的遊戲時光，總可以在這樣的創造中找到規則、找到專注、狂喜、甚至創作慾望遭到侷限的緊張、實踐失敗的挫折，儀式的節奏以及內心震撼的熱情……這一切再再皆是我繼續載浮載沉這一條不斷改變河道的滾滾江河裡的意願。

身體閱讀課不僅是教學對象在年齡、族群、性別、階級的跨度大（我的身體閱讀課的學生年紀最小 3 歲，最年長 97 歲），活動時間也很彈性，可無限延伸或視情況濃縮，一個文本也不限定要在一次課程中讀完，可分好幾次，也可只讀其中片段，活動的難易度亦可視情況調整，但人數及上課的空間就有限制，在空間上最好是能有完整鋪軟墊或木質地板空間，能脫鞋子上課，能做地板動作不會受傷，並且若要每個人都參與到，以及考慮空間能夠容納讓參與的人有足夠的空間伸展活動，人數也需要限制。同時，身體的活動也需要彼此互動，人數太少，少於六人，也不容易營造氛圍與互動。

多年前我應邀到臺北的小學進行「作家有約」的身體閱讀，臺下兩百人，動態部分，只能在原地動上半身，或請少數同學上臺做身體閱讀，同時加長靜態活動的時間，臺下還有十多位志工協助，才能順利完成。現在越來越有經驗，每一次「作家有約」或其他大型的身體閱讀活動，不用志工協助也能順利進行，有些情境可找部分同學上臺體驗，也可設計讓臺下的同學在座位上即可一起用身體來閱讀的活動。而在 COVID-19 蔓延的年代，許多實體課程被迫走向網路線上教學，我原本以為一定得現場互動的身體閱讀，在我的變奏中，線上課也能突破屏幕，激發參與者身體的潛能與文思創意，氣氛活絡不輸給實體課。

可無限延展擴充的身體閱讀

Chapter *6*

身體閱讀的习式

透過身體經驗去尋找身體之所以能夠引領我們出入真實與想像領域的基礎，而這樣的身體經驗開展了從自我到他者的形構，讓身體藉著身體空間和外在空間的雙重視野來感知與想像世界，更強化身體與事物間的神秘呼應。

——梅洛龐蒂

身體閱讀

以身體為閱讀工具，用身體來演繹文字，加深學生對文意的理解、記憶，與對文字的感受力、詮釋與轉化的能力以及想像力開拓的學習，最後回歸內在，閱讀自己的身體，與身體對話，觀照自我生命的一套課程方法。（頁 008）

動態默劇（mimodynamique）

是一種將無形體的感官元素如顏色、文字、音樂……等等轉化為有形的肢體動作的方法。（頁 012）

具象默劇（la figuration mimeé）

運用身體來表現物件、建築、家具擺設等等元素。（頁 013）

圖像默劇

是一種與電影極為類似的語言，它藉由身體動作來呈現圖像內部之動力狀態。它不再只著重於表現文字或物件，而是如何以集體的方式表達圖像。（頁 013）

戲劇習式

戲劇習式是來自劇場的習慣模式，目的在指示如何互動地運用時間、空間及人的存在，並透過想像力，將之模塑成戲劇形式，創造出各種意義的元素。

引導式觀想

帶領學生閉眼靜坐、關注呼吸，再以一段引導詞帶領學生進行冥想觀想的方式。（頁082）

老師入戲

老師（或引導者）扮演一個由戲劇情境提供的適當角色，在戲劇中掌握戲劇的可能性和學習機會。老師入戲可以引發興趣、控制戲劇動作的方向、邀請參與、注入張力、挑戰膚淺想法、提供選擇和可能性、發展故事、為學員製造入戲交流的機會。老師的演出並非在於一時興之所至，而是通過戲劇性的參與，務求達到教學目的。

（頁063）

身體閱讀常用的暖身

1. 定鏡：定格／定鏡／靜像（Still-Image／Still Picture／Frozen Moment） 這可以是個人、小組或全班一起作的活動，用「定格」肢體動作，把某個意念或事件的某一刻影像呈現出來，將意義具體化，讓老師與學生一起探討某一特定時刻所發生的事情。（頁025）

2. 肢體開發：以個人或分組練習，配合音律、舞蹈等美感或更具戲劇性的肢體動作，開展身體，訓練身體語言的表達力並讓身體動作更精準傳達明確的意義。（頁055）

3. 找顏色：引導者指定學員將身體的某一部位黏在這個空間內的某種顏色的構造或物體上。

例如：「我數到三，用你的左手肘粘在這個空間的黑色。」可以變換幾次身體部位和顏色的指令。（頁 048）

4. 用身體作數字、字母、形狀：引導者指定學生用身體作數字、字母及各種形狀，可以從單人用身體做出造型到集體合作練習。

例如：「用你身體的任何部位做 4 這個數字，只用一個部位或整個身體來做都可以。」先個人練習再將學員分組，呈現指定的數字、字母或形狀。（頁 050）

5. 兒童瑜珈：《YOGA STORIES 瑜珈入門》一書中提到傳統上瑜珈是從十至十二歲開始傳授。因此年紀處於青春發育期，身體已夠成熟承受正式的瑜珈練習。但近年研究指出，現代兒童多已提早進入青春期，大約在八歲。不但如此，現今資訊以爆炸式的速度進入兒童的生活，兒童已發展出跳躍思考式的心智，專注時間縮短且無焦點。因此愈來愈多教育中心運用瑜珈的模式或靜心操來教導兒童集中心智。可利用音樂、故事來輔助教導兒童瑜珈，讓兒童在遊戲中學習瑜珈動作，同時訓練平衡、伸展、增加身體耐力、放鬆、專注和穩定情緒。（頁 074）

6. 觀呼吸：我常用的幾種呼吸法。

　　一、平躺在地上或盤腿而坐，雙手放在膝蓋上，閉上眼睛，深呼吸三次，吸氣——吐氣，吸氣——吐氣，最後一次，長長的吸氣——再慢慢地吐氣。引導者的指令越慢越好。

　　二、閉上眼睛、盤腿而坐，雙手合十放在鼻下，將意念集中在鼻下，隨引導者的指令吸氣吐氣。

　　　　若對象為成人，引導者的指令為：吸一、二、三、四，憋二、三、四，吐二、三、四……重複六次。

　　　　若對象為兒童則是：吸一、二、三、四，吐二、三、四……重複六次（不需要憋氣）。

　　三、盤腿而坐，閉上眼睛，吸氣時舉起雙手，然後握拳，吐氣時讓雙手放鬆自然垂下來，手掌掉到肩膀的高度即可，然後再重複動作。這個呼吸法可急促連續地坐 12 至 20 下。

7. 引導式觀想：引導者以一段引導詞，帶領學生進行一段冥想，學生可閉眼盤腿而坐抑或平躺在地上閉上眼睛，最好能關燈，並且用靜心的音樂輔助。可參考頁 082 的引導詞。（頁 082）

創作性戲劇

「創作性戲劇」（Creative drama）是一種即興，非正式展演，且以過程為主的戲劇形式。在其中，參與者在領導者的引導下，去想像、實作並反映出人們的經驗。儘管創作性戲劇在傳統上一直被認為與兒童及少年有關，其程序卻適合所有的年齡層。有學者翻譯為「創造性戲劇」（林玫君，2005），但我比較認同張曉華在《創作性戲劇教學原理與實作：藝術與人文學習領域統整教學的方式》中所定義的「Creative drama」是一種以戲劇形式來從事教育的一種教學方法，目的在引導自發性的學習意願，想像的創造力，透過實際的創作過程快樂地學習，並期應用與透過實際的創作過程付諸於行動中而使參與者有所成長與進步（張曉華，2007）。因此，「Creative drama」是在各種戲劇遊戲活動中，編織戲劇的素材，在經驗的範圍內，內在且有機的創作過程，而非創造出新的形式，故本書使用「創作性戲劇」的翻譯與概念。（頁 056。）

身體閱讀最常使用的活動項目有：

1. 想像（Imagination）：係以物體、聲音、身體動作與頭腦思考結合起來的創造性活動，用以激發學習者的經驗與想像。

2. 肢體動作（Movement）：是以個人或團體的表現，配合音律、舞蹈等美感的肢體活動，明確而有意義表現出適宜的動作與舉止。

3. 身心放鬆（Relaxation）：以調節性增強或減弱的動作暖身、消除緊繃情緒，使身心趨於平衡，以強化知覺。

4. 戲劇性遊戲（Game）：以角色扮演、依情況、目的，共同完成遊戲的項目，以建立互信與自我控制能力。

5. 默劇（Pantomime）：藉身體的姿態表情傳達出思想、情緒與故事，來強化肢體表達能力，擴大觀察、理解與思維的空間。

6. 角色扮演（Role Playing）：在一個主題下，依照某種情況或故事，由小組討論或教師選派賦予不同角色扮演。而我更經常讓所有人同時扮演故事裡的同一角色，來經歷故事裡的情境，擴展其對故事裡的人事物的認知與感受。

7. 即興表演（Improvisation）：在以繪本引導學生進行身體閱讀時，我經常隨機中斷故事提出指令，讓學生或分組或個人依簡單的情況、目標、主旨、人物、線索等基本資料，即興地表現或發展出動作、對話或情

節，以培養機智反應、創造力、組織能力及合作能力。

8. 戲劇性的扮演：係將兒童置於想像的戲劇環境中，表現出熟悉的經驗並藉以衍生出新的戲劇，以「嘗試性的生活」去了解他人與社會的關係。

9. 故事戲劇化：由教師引導學生，根據既有的文學、歷史或其他來源的故事，以創作出一個即興的戲劇。（張曉華，2007，本書頁 056-058。）

10. 用身體組合出蔬菜、動物、特定空間裡的物品、用具及交通工具

引導者的指令可以先從個人練習，依從先定格→再發出聲音→動起來的順序。

再來分組合作組合成新的物品或用具或交通工具或一種食物或動物等等，也是依從先定格→再發出聲音→動起來的順序。（頁 051）

11. 用身體表現一種職業

活動指令：從定格的身體造型表現某種職業具有特色的動作→加入聲音→加入走位和連續動作。（頁 052）

創造性舞蹈

　　創造性舞蹈翻譯自英文的 Creative Dance，舉凡經由學習者以身體回應周遭的環境刺激，包括音樂、聲音、節奏之聽覺刺激，動植物仿擬，圖像視覺刺激，物品的操作等等，因而被激發能夠自由自在地舞動，都可屬於創造性舞蹈。（張中煖，2007，本書頁 054。）

1. 用身體表現季節

　　大自然與四季的遊戲指令從用身體造型定格做出一種自然物→用身體的節奏與聲音表現出一種自然現象或景觀（彩虹、下雨、打雷、刮颱風……）→合作創造出一種季節的場景（這個季節的場景裡會有什麼自然生命、自然現象、還有什麼動物或人會在那裏做什麼？還要表現出動作、情緒甚至可以有情節有對話）。（頁052）

2. 用身體作動物

　　引導者指定學生用身體作一種動物，指令也是依從先定格→再發出聲音→動起來（做任何動作，例如：吃東西、玩耍、洗澡、跳躍，任何動作都可以）的順序。（頁 051）

3. 動作記憶法

透過豐富的想像力將抽象的文字化為動作，再用連結力加以環扣，組織學習內容加以重組，輔以多重感官刺激，可以使回憶更加逼真，學習更加快速。動作記憶屬於精緻化的記憶策略，把字詞化為動作增進記憶，更可以把整段文字或故事化為有動作有感覺的畫面來加速記憶。（頁 062）

多元藝術的融合

1. 用身體理解文字：把字詞化作身體的動作，將文字立體化，將意象具象化。（頁 098）

2. 用身體詮釋：用身體對事物做出具體或抽象的詮釋。（頁 105）

3. 用身體轉化：用身體把對事物的一種定義表現出來，透過身體的演繹與轉化，把抽象的概念轉化為具體動作。（頁 112）

4. 用身體演繹顏色或文字：把對顏色、文字的感覺或想像用身體的動作與情緒表現出來。（頁 119）

身體閱讀最後階段的團體綜合練習

1. 圖文創作：用色筆在 A4 紙上或圖畫紙上畫寫該次身體閱讀主題的延伸創作。（頁 118）

2. 用身體寫詩：透過節奏、身體、情緒、張力轉換以及顏色轉化的動態練習之後，請學生練習寫短詩，再用身體的動作演繹自己寫的詩。（頁 135）

3. 與身體對話：在活動最後，以圖文創作或定鏡與身體的某個部位某個器官或是內在的某個特質或自我實現、自我的夢想等等進行對話。（《閱讀魔法屋 2 洪瓊君的身體閱讀〔實用篇〕》，**Chapter 1.6** 和 **Chapter 2.1** 畫手）

4. 心靈電影：將夢想或內在渴望的某件事，以場景、人物、對話、甚至情節等等戲劇元素，讓在場的所有人成為主角夢想實現的參與者。（《閱讀魔法屋 2 洪瓊君的身體閱讀〔實用篇〕》，**Chapter 2.8**）

戲劇策略

1. 暖身（warm-up）：透過一個或一系列的戲劇遊戲用以帶動參與者身體、聲音的運作，同時也包括關係的破冰、拉近距離、放鬆緊張情緒、集中精神、營造參與的氣氛、建立彼此信任、進入主題等等。

2. 坐針氈（hot-seating）：參與者在觀看表演之後，直接與劇中角色（演教員）進行提問和對話，最好該角色是具有爭議性或遭遇兩難的困境，如此一來，這位演教員與觀眾的互動對話，才能讓該角色有「如坐針氈」的刺激狀態。透過「坐針氈」可以讓觀眾更加瞭解角色的背景、行為動機和想法。而我在課堂中的運用，通常會邀請口條較好思路清晰且不會輕言放棄的學生即興來擔任「坐針氈」，提問內容沒有限制，「坐針氈」的演員可以自行決定回應與否以及如何回應，引導者可以從旁協助，當場面陷於尷尬時做適度協調、潤滑。此「坐針氈」的過程雖是即興，卻讓學生有機會更深入探索該角色，而且往往會迸發意想不到的火花。

3. 選邊站（taking sides）：在舞臺上畫出一條隱形線，將角色兩難的情境置於線的兩端，讓參與者想像自己是陷於兩難情境的角色，思考如何做決定；或是設立

不同情況讓參與者依其意願做出選擇,最後,讓參與者依其站定的位置來表示個人意見。我在《帝哥的金翅膀》這個故事運用的是我改良的選邊站,主要讓學生在場地中散開來,以靜像或動作或言語表達出其抉擇或立場。

4. 困境論壇(dilemma forum):它的概念就是以劇場表演的方式進行論壇,針對某一議題,引導者邀請觀眾針對角色所遭遇的困境提出可能的解決方法,並且須上臺暫時取代飾演主角的演員,即成為「觀演員」(spect-actor),將自己的意見與其他角色以表演的方式呈現出來,在此即興的互動過程中驗證「觀演員」的提議付諸實行的可能性。而我在課堂中的運用,通常會先邀請大家集思廣益協助角色提出解決方法,舉手以口頭表達,再邀請幾位提議者(至少一位)上臺將自己的意見與其他角色即興表演,引導者要依演出狀況決定何時喊停,並邀請觀眾一起分析檢視「觀演員」的方法是否可行。

5.「魔法」(magic):在困境論壇(dilemma forum)中,若是「觀演員」(上臺代替角色演出自己的建議的學生)的提議明顯不可行,或其他觀眾認為「觀演員」

的演出不恰當、演過頭了或者不符合其所取代的角色性格與行為，觀眾（其他學生）可用「魔法」（magic）挑戰該「觀演員」的介入，或引導者可認定該「觀演員」的提議為「魔法」（magic）──意指完全不可能實行的方法。

6. 介入（intervention）：在困境論壇（dilemma forum）中，觀眾被邀請進入靜止的劇情中，成為其中的角色，並嘗試為論壇中的角色所面臨的問題，找到解決方法。

7. 良心巷（conscience alley）：讓參與者面對面排成兩行，代表相反的立場。劇中主角走過兩行人中間的小巷，每當經過一對參與者時，兩位參與者分別說出一句話，去影響、說服主角，做出合乎自己一方看法的決定。而我在課堂中運用另一種做法是請所有參與者面對面排成兩行，當主角走過每一位參與者時，請參與者一個個輪流對主角說一句「良心話」──亦即參與者內心想對主角說的話或他真正的想法。

【附錄】從頭說起——我的教與學

起點

　　1990 年，我第一回正式站上講臺講課，是專科畢業那一年找到的第一份工作——補習班的作文老師，那個以英文為主打的補習班第一次要開作文班，找了初出茅廬的我從零開始，自己摸索自編教材。正式上課，臺下只有一個學生，我好像也不管學生的反應，很認真地把準備的講義上完，下課後，老闆娘因為招生不力感到很抱歉，反倒是我沒有太大的感覺。老闆用我，其實是為了另一份事業——辦地方性的報紙。那段時間老闆夫妻倆忙著地方選舉拜票，常常是我一人在老闆家一樓客廳辦公桌上空想地方報紙的藍圖，突然感覺圓一個編輯夢、老師夢，好空洞。於是，拿到第一個月的薪水就辭職了，我想插大念中文系，應該可以填補那個空洞。接著談戀愛、意外岔出中研院的田野調查工作，讓我的視野有了前所未有的開拓，轉了個大彎，再站上講臺，已隔了五年，我的身分是國語日報語文中心的作文老師。中心有一份教材給老師作為指南，只要跟著教材教即可，但我覺得無趣，每一堂課都還是自己編纂教材，實驗自己覺得好玩的方式，也包含看影片寫作。不到兩個月，我就接到了第一個資優班，聽說是該中心最快速接收資優班的新老師。我一直覺得自己是個沒經歷叛逆期，連髒話都不敢吭一句

的乖乖牌，但後來中心主任跟我較熟了，她談及我第一天去中心報到的模樣，穿著一身騎馬裝（根本不會騎馬），嘴裡嚼著口香糖，還帶一副墨鏡，大辣辣地走到主任面前，單身的女主任心想：好吧！就讓我們學生接觸這個很不一樣的老師看看。

其實，在進中心之前，我有考慮吐掉口香糖，拿掉眼鏡，但因沒地方放就乾脆這個模樣去見我的新主管，實在不是刻意特立獨行，是因為太隨性吧！──我的身體閱讀就是這種隨興的性格創造出的產物。

其實，那幾年我最大的夢想是窩在阿里山上就著氤氳山嵐獨居寫作，在尋找部落的臉譜之間流浪，但再浪漫總也得顧及生計，所以，一直做著一半山人可以編織文字夢、一半港都人可以填飽肚子的春秋野夢。1996 年，接觸到徐仁修老師的思源啞口自然觀察隊伍，又大大地打開了我蒙塵多年渴慕自然的心靈之眼，開始瘋狂地成為都市野人，在行道樹、公園、城市的河流、濕地之間貪婪地靜獵，但又時時渴想著我的山居夢。於是，我的自然寫作班就這樣開張了，與我的學生們分享我所觀察的野地，再把作文教學融入野地觀察的課程中，課程進行了三年多，在大自然直見性命的洗滌下，我不安的靈魂得以尋著寧靜，而靈魂深處最原始

而潑動的創造力也總能被激發，從學生在大自然中領受的感動與靈感轉化為細膩的文字底，我找到在大自然中獲得救贖的信仰，也放棄了隱居山林的大夢。

　　三年的課程因為多數學生的延續學習而無法有重複的課程設計，這也相對激發我設計課程的動力與不得不的創造力，因而成就了我生命中的第一本書《大自然嬉遊記》（2000 年）。這期間，我也開始受邀到學校演講，帶工作坊，分享大自然的美，並且在一所小學進班帶學生在校園進行自然觀察，不知是作文老師的職業病使然抑或是覺得僅是自然觀察太薄弱，總應該延伸什麼活動，讓學習的痕跡留下來。當時張老師出版的柯內爾《與孩子分享自然》系列那三本書，是我主要的參考書，但我還結合了後來才知道所謂的「多元藝術」，包括戲劇、音樂、文字、圖像及其他美學的創作等等活動，我的學生自然觀察學習成果，被到校巡訪的督察讚賞有加，還記得老師的轉述：「我們的教育就是想看到學生那麼細膩的東西。」這些成果讓和校長理念不合而被排擠的邀請我去上課的老師一吐怨氣。

　　接下來的課程邀約如雨後春筍，但進行一學期之後卻因我遷徙至東部而全數中斷，留下了一本為校園自然觀察課程設計的《樂遊自然天地》（2001 年）──與孩子共享自然的 60 種遊戲書。

社區劇團與紀錄片的編導經驗

　　搬來東部之後，除了帶了個私塾般迷你的自然觀察課程，及寒暑假設計自然走讀行程帶高雄來的親子玩耍之外，全職陪伴大女兒采悠，這些課程也是為了讓女兒可以跟著其他孩子一起學習而做。沉寂了兩年，因為新書《你也可以帶孩子和自然玩》（2004年）——為了誘拐采悠隨我進入自然玩耍而逼生的一本記錄我和女兒采悠互動並結合20種幼兒自然遊戲書的宣傳——認識了幾個電臺節目主持人，還由其中一位主持人的牽線，認識赤柯山的農民，誤打誤撞成為他們想以社區劇場做為社區總體營造亮點的編導，以山上的人生活的記憶串起的《記憶流過十三彎》讓他們紅遍社造界甚至受邀到香港演出，我自己又要不得的教育使命上身，自找山上的小孩，為他們編導兒童自己演出的兒童劇《赤柯山的森林》，山上的小孩不受控制，我也沒使用麥克風的習慣，到臺東劇團黑盒子正式演出時，我聽見自己有兩個聲音，原來是聲帶長繭了。後來，我又受邀到富源社區為以客家阿婆為主的也是以社區劇場做為社區總體營造亮點為由，編導了

教育劇場演出

幾齣戲《阿嬤的故事》、《醫德》及兒童演的兒童劇《誰住在兔子的房子裡》。阿嬤演員從 65 歲到 83 歲，兒童演員從 3 歲到 8 歲。

在編導《記憶流過十三彎》的同時，我進入臺東大學兒童文學研究所就讀，也開始進入小學客座，實驗各種我想嘗試的教學，包括野地的寫作課、圖像課、開放式對話的說故事課程，期間也常讓學生以角色扮演的方式來進行討論，以及在部落針對國中生結合電影和文字的閱讀課……幾年下來，又堆積出一本《深林閱讀──我在荒山小學的作文課》（洪瓊君，2012）。

因為原住民學生的桀傲不遜真性情，讓我這個教師身分大受挫折；因為農民演員、阿婆演員的不受控制，一人一張嘴，想怎樣演就怎樣演，讓我這個編導身分備感窩囊，一定是我劇場專業程度不夠，僅憑兩年劇團演員的經驗，不足以讓我駕馭這些不專業卻也裝不進專業想法的腦袋與身體，偶然得知臺北藝術大學（以下簡稱：北藝大）開辦教師第二專長學分班的訊息，即使無正職教師身分，我也毫不猶豫地報了名，兩年暑假地獄般的密集課程，駝著老命完成了，差點還拿不到修業證書，因為我是唯一沒有教師證的人。

在北藝大進修之前的暑假，我修了陳儒修老師的兒童電影，

觸發我想拿起攝影機拍攝紀錄片的慾望，對我來說，影像等同於文學的另一種創作，只是媒介不同。那時，我正在編導客家阿婆《阿嬤的故事》，十個女演員中有一半曾經是養女、童養媳，其乖舛受虐的童年，被我形容過去是悲慘的精彩，現在是輝煌的精彩。這些阿婆的生命就是臺灣 30 年代把人當作勞動工具的時代縮影，我很想把他們的生命故事記錄下來，除了以舞臺劇的形式之外，也用攝影機將之記錄下來，成為我的第一部紀錄片《蝴蝶阿嬤》。同時還將其中一位與我母親年紀相仿的阿婆的故事寫成少年小說，得了南瀛文學獎短篇小說佳作，那是我文學創作生涯第一篇小說，就因為寫小說太痛苦，有太多細節需要填補，讓我更加感覺影像的輕鬆方便，也因為《蝴蝶阿嬤》得了不少獎，還有映後座談觀眾的回饋，給了我莫大的憧憬與動能，同時那段時間，骨子裡不知為何充滿莫名的愛，整個掌心都在發熱，很想把愛發散給這個世界，發現影像的擴散力高過在課堂上教課的力量更能改變這個世界，兩年內瘋狂地創作參賽，產出六、七部紀錄片，其中《請尪阿一生——布袋戲大師陳錫煌小傳》[10] 一片更讓我擊敗四百多部參賽作品，從新聞局局長手中拿到「評審團大獎」的獎座。

10 《請尪仔——掌中戲偶大師陳錫煌小傳》紀錄短片獲 2008 年，第一屆全民影音創作「評審團大獎」。

表演藝術的教與學

　　在拍紀錄片的那兩年，我手邊同時在進行的固定工作，除了山邊小學客座的實驗課程，已進行了兩年的在鎮上圖書館周六故事義工團的帶領，部落的國中閱讀課，組劇團編導演兒童劇在鎮上小學巡演，同時，還以藝術家的身分成為第一年小學藝文深耕計畫的藝文教師，教授表演藝術。第一年，我以創作性戲劇（Creative Drama）為主把戲劇學習融入其他科目，包括語文、音樂、繪畫、舞蹈、社會、自然、閱讀……還讓這些全校不到八十人的偏鄉孩子到市區大校面對兩百個同齡觀眾公演。期末來視察的委員看了我的教學短片以及我滔滔不絕的簡報說演，完全沒有插嘴的機會，只有最後表達了讚嘆驚艷，在他們的專業領域中——舞蹈、音樂、合唱（剛好沒有一個是學表演藝術的），第一次領受到，原來戲劇可以做到這麼多，還可以跨領域融入其他課程中輔助甚至激活教學。其中有一位委員給了一個建議：「可惜這些學習成果沒留下紀錄。建議給學生一人一本筆記簿。」

　　第二年，增加了另兩所學校的邀請，三所都是申請表演藝術，而整個花東地區的藝文深耕課程，還是只有我一個表演藝術教師，而在那一年，教育處還多給了我們五萬元的經費，因為我們前一

年的教學計畫達成率超過百分之百，期末成果展時也頒了一個優秀藝文深耕教師獎給我——超給經費對我來說已不是第一次，因我總是太認真太拼命。

　　這一年，為了讓三所偏鄉小學的孩子有彼此觀摩表現的機會，我搞了一個三校聯演，總共 11 個班 11 齣戲。課程上除了低年級仍以繪本為主要教材，並與其它年段共同都有的表演技巧訓練為核心，以及最後的成果展演的排演，我的戲劇課增加了兩項固定儀式與一項特別的課程方式，主要是為其中兩校嚴重的霸凌氛圍而設計的儀式與課程，一是冥想，二是寫學習筆記（有時是圖像、短詩的創作），三是教育劇場（Theatre in Education，簡稱 TIE）的習式。

　　那幾年因聲帶長繭，我認真學習太極導引且回頭操練過去在體制外的沙卡小學所學的瑜珈和引導式觀想，於表演藝術課程應用在每堂課的開始，安定孩子躁動的靈魂，抑或是在課程尾聲要引發孩子圖像或短詩的創作或單純的寫下學習心得之前的觀想，本來是種手段，是一種中介，殊不知成果竟大大超乎我所預期。

　　除了孩子創造力驚人的展現，更讓我看見那些孩子處於暴力氛圍底的靈魂的敏感與柔軟。

觀想的力量

　　也許是討厭一成不變的性格使然，在教學上總是喜歡實驗新元素。過去教寫作我從不會規規矩矩地教，我喜歡把很多活動帶進來，教閱讀也是，教自然觀察也是，後來教表演藝術還是如此，我把閱讀、自然生態、角色扮演（行為改變）、引導式觀想、呼吸練習、音樂冥想、寫作等活動納進來，尤其是呼吸、觀想這幾乎是我每堂課必做的儀式。我看到已經上了一年表演課的孩子開始覺察自己的身體及自己和別人的關係，同時也感受到合作的困難與其加乘的力量，更令人感動的是平常有暴力傾向或桀傲不馴的孩子，在呼吸、冥想及肢體開發的過程中，展現了柔軟的內在與靈性，他們在筆記中寫下對自己生活過往的觀照及省思，有孩子寫著在第一次觀呼吸的瞬間，看到自己小時候的模樣，她哭了：第二次的瞬間，她看到一雙支持、包容自己的溫暖雙手；第三次的瞬間看到父母打架的情景，自己只能無助地在一旁哭泣：第四次觀呼吸的瞬間，落淚的剎那，無能為力的自己，只感覺自己的命運像個轉盤，一直轉一直轉，直到無力的時候。也有人寫到在觀呼吸中看見死去的親人，自己無力阻止死神的手而

引導式觀想

無限悲傷：還有人在冥想中看到戰爭的畫面，感到戰爭的殘酷而為無辜的小孩落淚；還有人在書寫對生活對記憶片斷的省思、對親人的思念時而痛哭──而這些小孩大多集中在我前文提及霸凌行為十分嚴重的班級之一，全班只有兩個女生加九個男生，都很暴力，卻在觀想的回饋中表現出如此柔軟且高度敏感的靈性。他們的躁動情緒跟心思太過靈敏也許有很大的關係，我想。

　　大多數的孩子在引導式觀想和音樂冥想中，展現了高度的專注及驚人的想像力。這些對我而言，都是全新的經驗，當時，我第一次在校園中定期性地做表演藝術課程的深耕，而從孩子們深邃的內在顯現，更讓我感受到表演藝術這項幾乎可含納所有藝術元素的藝術課程應該全面在幼教、小學階段紮根，學生對自我的覺察、人我關係的關注、藝術的感受與自信等等，才有更多更好的機會來培養。

繆思的召喚

其實我在北藝大兩個暑假密集修習的表演藝術學分，主要是被當成專業的表演者來訓練，若要將所學應用在國小表演課程，必須經過多重的轉化、稀釋，而我恰有自然觀察及寫作、閱讀的教學基礎，便很自然地將這些課程融入表演藝術教學當中。

我在《深林閱讀——我在荒山小學的作文課》（洪瓊君，2012，頁132）中寫著：把戲劇活動融合繪本共讀與寫作學習的嘗試，將繪本戲劇化，將寫作戲劇化，讓我個人非常樂在其中，整個教室似乎都瀰漫著一股奇異魔力，我們肢體感官全然打開，用身體閱讀一本書，我和孩子一同經歷無以形容的通體通澈的歡樂，而感受繆思特別的召喚，靈感似瀑淋酺，在孩子和我身上驚人的爆發。所以在用整個身體讀過《風喜歡跟我玩》（瑪莉・荷・艾斯，1997）之後，二年級的采津寫下「風的詩」：

風把苦楝樹吹得搖搖擺擺的，

樹葉被風吹落下來，

風還帶樹葉去環遊世界呢！

樹葉小姐一定很高興。

　　以感官開發的直觀活動共讀了瑪格麗特 · 懷茲 · 布朗的《重要書》（瑪格麗特 · 懷茲 · 布朗，2004）之後，三年級的小翰（化名）寫下了他的「重要詩」：

蛇

蛇　重要的是

牠有毒，

有些是保育類，

牠會爬也會吃青蛙，

但是

蛇　重要的是

牠有毒

開啟教育劇場的道路

「教育劇場」（Theatre in Education, 簡稱 TIE）透過諸如「靜像劇面」（image theatre）、「論壇」（forum）、「坐針氈」（hot-seating）和「群體角色扮演」（group role-play）等技巧，編導小組以戲劇方式將某一議題（如環境保護、種族分歧、生命抉擇等）具象化，並在設計、排演過程預留觀眾實際介入演出或參與討論的空間，讓參與者在此虛擬的情境裡，感受到問題的深度與兩難，進而在多方思辨、溝通後，做成自己的結論或決定。這樣提供深廓面向讓孩子有機會主動思考、並能多向溝通、思辨的活化課程，在臺灣的教育而言十分貧瘠，但這種教育方式在臺灣教改了十多年仍以智育掛帥，強調競爭的教學生態，又是何等的重要。

為此，我和一群同好組成了「豈有此理劇團」，就以教育劇場為發展目標，期能進入校園深化議題教學，剛開始，我們花了半年的時間作讀書會、議題探討、戲劇互動技巧訓練，即興創作等等功課，之後我再將大家的即興寫成劇本又花了半年排練、編纂教案，整整一年，我們第一齣戲以性別認同及校園霸凌為主題的教育劇《小強的二分之一》終於完成，透過花蓮縣家庭教育中心的工作人員幫我們的提案向教育部申請了一些經費，在花蓮縣十所國中小

巡迴演出，我們巡迴的方式是利用周三下午針對中高年級以上的學生及教師作演出，演出過程中以教育劇場的互動技巧讓觀眾參與議題，並且提出解決方案，甚至上臺角色扮演，進行改良式論壇，實際操作自己的想法可不可行。

十場巡演下來，每一場不論是經驗老道的演員抑或是沒上臺經驗的生手以及臺下參與的觀眾、在後面觀摩的教師，都受到同等巨大的震撼，甚至在國中巡迴演出，面對一群特別挑選的觀眾，效果卻是出乎意料的好，原本是霸凌者在觀戲當中開始反省，主動公開地跟我們分享他們為何成為霸凌者的歷程，有的還忘記自己在平時也是霸凌者，竟義憤填膺地要我們扮演霸凌者的演員坐到他旁邊，他要讓他嚐受被霸凌的滋味。老師們也十分驚訝，一個半小時下來，這些平常很難安分坐在椅子上的學生完全忽略下課鐘聲，演員演出時觀眾專注到即使是一根針掉落的聲音都顯得突兀巨大，而與角色互動時觀眾們又熱烈參與，這是在平時的課程或所有的宣導活動中極罕見的現象。

在演出前後我們還做問卷前測後測，包括「對於有女生特質的男生看法如何？」、「在你的認知中，什麼是霸凌？」等問題，演出後再做後測，95% 的學生（都是男生）在前測時皆對擁有女

生特質的男生表示噁心、討厭、怪怪的等等負面態度，但看完演出之後全都改觀，幾乎都可以尊重別人的不一樣甚至願意跟他們做朋友，並且對於霸凌都有更深入的概念以及自我反省。

演員們被這種改變的魔力深深撼動、著迷，我們這些團員來自各行各業，但都在看到孩子們的回饋之後，排除萬難，完成十場幾乎是不可能的任務──在這偏鄉荒壤的僻遠小鎮，演員荒的問題（尤其是男演員）是外人無法想像的嚴重。這其間，有最初大力說服我這個數字白癡、行政弱智、打死不願成立劇團的人成立劇團，並且猛拍胸脯，承諾要幫我接下所有行政工作的副團長、男主角，演了三場就找到工作不演了，還有演員課調不開、農忙、生病、家裡有事等等各種不克演出的狀況，最慘的是在演出前一周我還找不到人來演男主角……

然而，所有的難題、困厄、艱辛都在每一場演出結束時，被脹滿胸臆的感動與熱誠完全消溺，我甚至如此堅信著，戲劇絕對可以作為改造世界的一種技藝，尤其在後來霸凌事件及陰影甚囂塵上、瀰漫全臺之際，只是巧婦難為無米之炊，演員、經費等等捉襟見肘的困窘，都是劇團無以為繼的主因。

另外，在學校的表演藝術課程我也將教育劇場的習式納進教

學的單元。在 A 校兩個高年級一起上課狀況始終層出不窮，從過去的作文課到後來的表演課，有人曾在我面前摔作文簿，發誓再也不來上課（後來我發現，他在很多老師面前都摔過本子）不過，他後來很喜歡上表演課。還有人喜歡搞小動作，有人被排擠，有人老是耍脾氣，而且每一次兩個小時的課程總會有一些零星的衝突發生。在這些狀況中我最在意的是「排擠」問題，為此我調整課程內容，先從團體性活動到個人的呈現，盡量避免分組活動，但是排擠現象依然沒有改善。我決定從「因為偏見而造成猶太人被大屠殺」的歷史事件為例，來討論教室裡的「排擠現象」。那一次，我義憤填膺地說了納粹屠殺猶太人、《安妮的日記》、進行種族進淨化而發生內戰的波士尼亞《莎拉塔的圍城日記》、《街頭日記》裡因為不同種族、不同膚色的歧視而引發的街頭槍戰，還有《事發 19 分鐘》裡那個從小就被嘲笑被歧視被欺負的高中生，持槍進入校園射殺十幾條人命的故事……。

　　這 20 多個精力旺盛，老愛插嘴的小孩頭一遭目不轉睛、鴉雀無聲地讓我說了 20 分鐘都沒打斷，最後好些人提問，而且是針對我說的內容提出問題（過去的經驗是他們會因為想搗蛋而故意提出無厘頭的問題）。還有一個女生當場痛哭，她說：「她不知道

以前把男生的頭壓在水龍頭下沖水就是霸凌！」我趁機將手邊買好的書《安妮的日記》、《莎拉塔的圍城日記》介紹給他們——這是我的另一項計畫，「把閱讀帶進表演課中」。我剴切陳詞地介紹莎拉塔這個當年與他們年紀相仿的女孩，因為寫日記的習慣而意外記錄了她所居住的城市陷入殘酷戰爭中的所見所聞……下課後，孩子們一一排隊把我手邊九本《莎拉塔的圍城日記》全都借走——這本書已絕版，我把庫存的九本全都搜刮回來——有一個孩子當天就把它看完，我還為了他衝回家把下一本閱讀計劃的書——《安妮的日記》拿回學校給他。

　　在接下來的課堂中（我們一週上一次課），我把《安妮的日記》部分內容印成單篇，請學生分組以演出的形式表現《安妮的日記》，有的人合作以讀劇或以旁白貫穿表演，其中我印象最深的是有一組他們排成列如熱鍋螞蟻般行走、繞圈圈又分開，各有各的姿態，表現安妮的焦慮不安——這已是跳脫直接表演而具詩意的身體意象的表現。

　　更令人興奮的是，有些正向的力量開始在教室中蘊釀、發酵，已經有半數的孩子看過《莎拉塔的圍城日記》及《安妮的日記》，他們都是主動閱讀的。並且有男生已經願意跟那位「弱勢」的孩子

同組，還有女生極具耐心地教那孩子唱歌。而且，後來的課程都沒有人在我的課堂中耍脾氣、起衝突，「排擠」現象也有了改善。

接著，我帶入教育劇場的演練，以孩子的切身問題——「霸凌」為主題，於四及六年級兩班各做過一次教育劇場的練習，同樣的，我讓學生演出親身經歷或聽過、看過的霸凌事件，但我不知孩子們竟有如此氣度，不僅在毫無預警的情況下接受自己的霸凌行為被赤裸裸的呈現，並且產生立即的醒思，虛心自動對號入座承認過錯，還有人當場痛哭不止，為自己過去的行為深深懺悔，或在觀眾介入論壇過程中主動找出減緩衝突的方法，並且透過坐針氈的方式，現實中的霸凌者勇敢而虛心地讓觀眾透過理性的提問，剖析其思想軌跡，在凝重的空氣中，我相信坐針氈的霸凌者與身為觀眾的我們都受到同等巨大的撞擊，原來霸凌會從純粹的好玩、盲目的跟從到變成習慣，甚至玩到膩……而當現實生活中的霸凌者在劇中扮演被霸凌者在坐針氈時，他哽咽地說了一句話：「我不知道被霸凌那麼難受。」

生活的種種被赤裸裸攤在課堂上，我們的心靈都從笑鬧中有了一次嚴肅的洗滌，當下，我並不知這效應能延續多久？後來，兩班的導師說，四年級的某生在教育劇場演練過後，真的已會注

意自己說話的方式、口氣以及與他人互動的模式；而六年級在之後也發生了一段輕微的衝突，甲同學恐嚇向老師打小報告的乙同學，導師隨即指出甲這是霸凌的行為，甲立即閉口，並露出羞愧的神色。聽說，那堂課的衝擊延續了很久很久，概念也已深植心中，當有霸凌行為出現時，便會有同學出面制止……而在表演藝術課程中學生們也於筆記裡寫下教育劇場對自己的衝擊，列舉如下：

唉！時光飛逝，已經六年了，今年的表演課充滿了奇幻異想的世界，上次的表演上有關霸凌的事情。想到五年級的我常常欺負他人！我希望上完這堂表演課，能改掉之前的過錯。因為人生就像一盒巧克力，永遠不知道你會吃到什麼口味！希望大家也能夠學習英雄的典範，希望大家也能變成英雄，去完成那未知的大考驗。

（小杰 20100622）

老師要我們重演霸凌的情況，在演的同時，我們體會到被欺壓的感受，也體驗到強勢者的可怕……我非常喜歡上表演課，希望下次可以增加上課時數。

（小安 20100622）

時間過得太快，已經沒有表演課了，我有點依依不捨，上了表演課，可以體會別人的心情，老師教我們不要霸凌，會傷害到他人，如果你被霸凌，會怎樣？希望我能學好。

（小慶 20100622）

　　這學生是一個有情緒障礙的孩子，他曾在我的作文課中摔簿子，發誓再也不上我的課；也曾在筆記中一再感謝我的教導，他非常開心。之後，又四處宣佈，我和我的女兒是他的仇人，他曾經威脅、恐嚇我的小孩，堵住通道，不讓我女兒進教室上課，我女兒就是他覺得欠罵的五年級女生。有一次，他還在我們背後大聲詛咒我和我的小孩「被車撞死活該」，而我們自始至終一句話都沒說。每一次他出狀況，就喚回我的慘綠年少被霸凌的不堪記憶。下了課後，不諱言的，我對他是完全地敬鬼神而遠之，但在課堂上，只要他有一點進步，有一些友善釋出，我皆會不吝嗇的讚許他，翻開他的筆記簿，我用紅筆一字字寫下我的感動與期許回饋這學生：「你的專注是最令人動容的風景，感謝神，讓我看見你內在的靈性。你的感謝是我極大的成就，相信未來，我們能挖掘多更多更

好的你！」這也是我對這孩子衷心的祝福，我願意相信每一個孩子每一次改變的真心。

　　這種種巨大的效應，其實是在我的預期之外，也因此更加堅定我推動教育劇場進校園的信心與動力，也不斷把教育劇場的操練技巧運用在課程中。

匯聚成江海的身體閱讀

　　在圖書館四年當志工說故事的經驗，繪本是最容易上手的文本，故事短文字少，可以邊念文字邊做動作邊說邊演，可以在前來聽故事的混齡小孩不致失去耐性之前共讀完一個故事，同時繪本的圖像又是另一有趣深奧的文本，透過深入淺出的解讀，又增添閱讀的樂趣與豐富性，除了文字、圖像的共讀，還可以延伸其他的活動……因為繪本的諸多優勢，把繪本帶入表演藝術課程，作為引發學習活動的媒材，變得理所當然且方便。此外，我在偏鄉以老人為多數的親子閱讀課程甚至樂齡學習，也用繪本為媒介，觸發老人家生命經驗的說演。這些年來我在社區、學校不論是一場演講或是連續性的親子共讀課程，面對來聽講的對象幾乎都是阿公阿媽，也是稀鬆平常的事。不過，面對臺下一群又一群沒有閱讀習慣甚至目不識丁的阿公阿媽們推廣「親子共讀」的經驗，事實上是感動與成就多過於挫折的。

　　通常我會從《這是誰的腳踏車》（高純，2004）、《我是什麼》（MARUTAN，2007）這類具有高度圖象趣味與聯想力的圖畫書開始，在輕鬆幽默的猜謎、腦力激盪及我誇張的肢體演出當中進入繪本的閱讀，是卸下老人家閱讀恐懼症的最佳良方，接下來，

我會帶入一些以親情或生命經驗為主題的繪本，例如：《外公》（約翰‧伯寧罕，2010）、《上學的第一天，我的肚子裡有蝴蝶》（沙基‧布勒奇，2011）、《威威找記憶》（梅‧法克斯，2003）等等，在共讀的過程中，引發共讀者的回憶，有獎徵答也好，甚至上臺表演都好，讓共讀者分享他們的回憶、生活方式，甚至文化、習俗，例如他們族語的兒歌、勞動方式、語言的形式或一些特殊的記憶……每一次，我都覺得自己像個圖書推銷員，賣力演出的成果是把一些在窗外抽菸的男人吸引進來跟我共讀，或是讓不曾掏腰包買書的人問我怎麼買到我手中的那本書。

　　能夠長期耕耘的課程，改變的力量也就相對地大很多，一週一次在社區的晚上，有時是八堂課、甚至十二堂課，每一次我都得像魔術師般變戲法，把繪本、童話用圖象分析、心理分析、文化分析、歷史解構等等各種觀看的途徑包裝成魔法般，稀釋再轉化成老人家可以理解的語言，重點是如何將課堂上共讀的美好經驗延續到日常生活中。不管聽眾是被我的聲音、被我說故事的方式吸引還是被我的熱誠打動，在沒有獎品或便當作為誘因的情況下，還能堅持到最後甚至是全勤參與的社區家長（當然大多數是阿公阿媽），都給了我無限的力量與無價的成就感。有的阿公阿媽真的回家開始會跟孫子共讀繪本，甚至開始拿起故事書念故事給孫子聽，

也有年輕的媽媽，自己沒有閱讀習慣，也開始到圖書館借書跟孩子一起共讀。也有原本是老婆（或老公）來上課，之後就拉著另一伴一起來上課，甚至還有把全家大小一起拉來聽我說故事的。記得有一個年輕的媽媽，每次都嚼著檳榔帶孩子來上課，她很靦腆，不管我怎麼邀請就是不肯發言，小孩很小，總是在地上爬來爬去，她跟另一個學員說很喜歡我的聲音，像廣播節目的主持人（她實在太抬舉我的破鑼嗓子了），課程上到接近尾聲，這個年輕媽媽開始願意發表她的看法，也開始跟別的學員借書回家跟孩子共讀，其他學員跟我說這個年輕媽媽曾經是中輟生，所以對於上課甚至是公眾發表意見都會感到自卑，我的親子共讀課程讓她改變了很多。

　　將繪本戲劇化，將文字立體化之後，用身體閱讀一本書，我教學的靈感源源不絕被激發，整個教室彌漫著一股奇異魔力，不管對象是五、六歲的容易失控的身體，還是比樂齡還拘謹的大學生的身體抑或是八、九十歲帶著勞動滄桑的身體，甚至是自閉、過動、亞斯伯格、學障、情障、資優……各種標籤混雜的身體一一在以創作性戲劇為主的身體閱讀課裡，我觀察到的、感受到的，每每是超乎我所料想得到的各種驚喜。馬斯洛（Abraham Maslow，1908）認為自我實現的需求是創意的源頭。」在這個生命核心意義的開發和實踐的過程中，人們有時會達到「顛峰經驗」（peak experience）——在電光石火的瞬間，因為個人內在的頓悟而產生一種近乎狂喜的愉悅和對生命存有的感恩。教學之於我似乎就是自我實踐的需求，因此在電光石火的靈感與「導出」之間，經常有接近達到「顛峰經驗」（peak experience）和一種近乎狂喜的愉悅與對生命存有的感恩。

繪本戲劇化，文字立體化。

回首

　　回首這三十年的教學從涓滴細流匯聚成江海，很感謝神給的機會與幸運，在體制外也在體制內進行體制外的實驗，遇到多如過江之鯽的不同年齡不同社群且文化相異的學生，讓我優游地收集沿途的風景，停留、轉彎、再創造意料之外的美景。後來我還在大專生的通識課程開設「身體閱讀」課，把我對小學生、志工及老師上課研習的內容，搬到大學的通識課，我看到同樣的引導文本同一套上課模式，竟可以跨越年齡，從小學生到大學生到中年到老人；跨越不同社群，包括小學生、老師、志工、樂齡及親子。在教室空間裡收集到的不同的是相異族群、社群相異年齡的身體和思考的展現；相同的是歡樂的笑聲和高度的參與力。

　　我十分欣喜終於可以將我已實踐三十年的被創意被熱情被天啟般的靈光所包裹的豐碩奧秘與廣大的讀者、教育者分享，而未來這份熱情這種創造這被靈光開啟的豐碩奧秘，也是我持續，在路上，的最大動力，和你一起。

國家圖書館出版品預行編目資料

閱讀魔法屋 1：洪瓊君的身體閱讀〔理論篇〕／
洪瓊君 著；Paude、陳采湜、Paco 攝影 . －－初
版 . －－臺中市：晨星出版有限公司，2023.12.
面；　公分 . －－（晨星叢書 007）
ISBN　978-626-320-482-9（平裝）

1.CST: 閱讀指導 2.CST: 讀書法

019.1　　　　　　　　　　　　　112007585

晨星叢書 007

閱讀魔法屋 1: 洪瓊君的身體閱讀〔理論篇〕

撰　　文	洪瓊君
攝　　影	Paude、陳采湜、Paco
主　　編	徐惠雅
文字編輯	楊嘉殷
內頁編排	方小巾
封面設計	柳惠芬
發行人	陳銘民
發行所	晨星出版有限公司
	407 臺中市西屯區工業區三十路 1 號 1 樓
	TEL：04-23595820 FAX：04-23550581
	Email：service@morningstar.com.tw
	http://www.morningstar.com.tw
	行政院新聞局局版臺業字第 2500 號
法律顧問	陳思成律師
初版	西元 2023 年 11 月 30 日
讀者專線	TEL：02-23672044／04-23595819#212
	FAX：02-23635741／04-23595493
網路書店	Email: service@morningstar.com.tw
郵政劃撥	http://www.morningstar.com.tw
	15060393（知己圖書股份有限公司）
印刷	上好印刷股份有限公司

線上回函

定價 420 元

ISBN 978-626-320-482-9

Published by Morning Star Publishing Inc.

Printed in Taiwan